Pojan tunteminen

Hengen miekka -kirjasarja:

1 *Toimiva rukous*
2 *Hengen tunteminen*
3 *Jumalan hallintavalta*
4 *Elävä usko*
5 *Jumalan kirkkaus seurakunnassa*
6 *Palveleminen Hengessä*
7 *Isän tunteminen*
8 *Kadotettujen tavoittaminen*
9 *Jumalan kuunteleminen*
10 *Pojan tunteminen*
11 *Pelastus armosta*
12 *Palvonta Hengessä ja totuudessa*

www.swordofthespirit.co.uk

Copyright © 2018 Colin Dye
ISBN: 978-1-912296-15-6

Ensimmäinen painos
Kensington Temple
KT Summit House
100 Hanger Lane
London, W5 1EZ

Kaikki oikeudet pidätetään. Tämän julkaisun tai sen osan jäljentäminen tai tallentaminen ilman tekijän kirjallista lupaa painamalla, monistamalla, äänittämällä, sähköisesti tai muulla tavoin on tekijänoikeuslain mukaisesti kielletty.

Raamatun lainaukset ovat vuoden 1992 käännöksestä, ellei toisin mainittu.

Suomennos: Christina Kotisaari
Taitto: Marko Joensuu
Kansi: Yewhung Chin

Hengen miekka

Pojan tunteminen

Colin Dye

Sisällysluettelo

Johdanto		7
1	Täysin inhimillinen Poika	11
2	Täysin jumalallinen Poika	31
3	Ainutlaatuinen hahmo	51
4	Ainutlaatuinen elämä	73
5	Ainutlaatuinen tehtävä	87
6	Poika ja Henki	113
7	Poika ja Isä	125
8	Poika ja risti	145
9	Pojan paluu	161

Johdanto

Tämän *Hengen miekka* -kirjasarjan kaksitoista aihetta on suunniteltu niin, että jokainen niistä toimii sekä "yksittäin" erillisenä ohjekirjana tietystä Raamatun aiheesta että "yhdessä muiden kanssa", jolloin ne muodostavat yhtenäisen ja perusteellisen opintokokonaisuuden, joka auttaa sinua vakiinnuttamaan asemasi palvelutyössäsi ja varustaa sinut opettamaan muita tuntemaan Jumalaa ja hänen suunnitelmiaan syvällisemmin.

Kaikissa kahdessatoista kirjassa viitataan sarjan muihin kirjoihin ja ne kaikki liittyvät pohjimmiltaan läheisesti yhteen, joten sinun täytyy lukea ne kaikki, jos haluat saada kokonaiskuvan "Sanasta ja Hengestä". Jokainen kirja on kuitenkin myös täydellinen opetuskokonaisuus itsessään – paitsi ehkäpä tämä.

Jeesus Nasaretilainen, Kristus, Herra, Pelastaja, elävän Jumalan Poika on niin hallitseva hahmo kaikkialla Raamatussa, että on mahdotonta kertoa kaikesta hänen luontonsa ja toimintansa puolista näin rajatussa tilassa.

Tietyssä mielessä kaikki tämän kirjasarjan kirjat kertovat Pojasta – joka itse on Jumalan Sana. Kirjassa *Jumalan hallintavalta* esimerkiksi tutkitaan hänen opetuksiaan, kirjassa *Toimiva rukous* hänen rukouselämäänsä, kirjassa *Palveleminen Hengessä* hänen maanpäällistä toimintaansa, kirjassa *Kadotettujen tavoittaminen* hänen evankelioimistyötään, kirjassa *Isän tunteminen* hänen vastavuoroista riippuvuuttaan kolmiyhteisen Jumalan muista persoonista ja niin edelleen. Vaikka tässä kirjassa sivutaankin kaikkia näitä Pojan elämän puolia, sinun täytyy opiskella niitä syvällisemmin sarjan muista kirjoista.

Pojan tunteminen

Kaikista tärkeintä seikkaa, Pojan suurta iankaikkista tarkoitusta, käsitellään kirjassa *Pelastus armosta*. Onkin siis välttämätöntä, että opiskelet kirjaa *Pojan tunteminen* yhdessä kirjan *Pelastus armosta* kanssa. Et pysty ymmärtämään Pojan tehtävää sen koko täyteydessä, jos et lue näitä molempia kirjoja.

Tässä kirjassa tutustutaan ennen kaikkea siihen, "kuka Poika on", eikä niinkään siihen, "mitä hän on tehnyt" – sitä käsitellään muissa kirjoissa. Tässä kirjassa keskitytään hänen täysin jumalallisen ja täysin inhimillisen luontonsa salaisuuteen, käsitellään hänen ainutlaatuisuuttaan ja hänen elämänsä ainutlaatuisia tapahtumia, tutkitaan hänen toimivaa suhdettaan Isän ja Hengen kanssa ja pohdiskellaan ristiä sen pohjalta, kuinka se on evankeliumeissa esitetty.

Pojan tunteminen on tarkoitettu uskoville, jotka ovat innokkaita opiskelemaan Jumalan Sanaa oppiakseen, kuinka Jeesus Nasaretilainen voi olla samaan aikaan sekä yksi tavallisen puusepän pojista että Kaikkivaltiaan Luojan ainoa Poika. Se on tarkoitettu opetuslapsille, joilla on avoin mieli vastaanottaa Jumalan raamatullista ilmoitusta rakkaan poikansa luonnosta, tehtävästä, tarkoituksesta ja kohtalosta.

Rukoukseni on, että päästyäsi tämän kirjan loppuun ymmärtäisit paljon paremmin Herramme ja Pelastajamme Jeesuksen Kristuksen ihmeellistä persoonaa ja työtä – ja erityisesti sitä tapaa, jolla hänen Pojan asemansa muovaa meidän elämäämme ainoan Isän poikina ja tyttärinä.

Vielä tätäkin enemmän rukoilen, että Pojan antautuva riippuvuus innoittaa sinua vielä mahtavampaan rukouselämään ja omistautuneempaan opetuslapseuteen – tuon Pojan, joka vapaaehtoisesti tuli kärsimään ja kuolemaan (ja joka vapaaehtoisesti tulee pian takaisin voimassa ja kirkkaudessa) pelastaakseen ihmiskunnan pahalta ja perustaakseen Jumalan valtakunnan.

Oppimisen tueksi on myös olemassa oheismateriaalia, jonka löydät vastaavasta *Sword of the Spirit Student's Handbook* -käsikirjasta sekä nettisivulta *www.swordofthespirit*.

Johdanto

co.uk (englanninkielisenä, suom. huom.). Käsikirjassa on täydentävää opetusta tämän kirjan jokaisesta luvusta sekä *keskustelunaiheita* ja *tietovisoja*. Kun rekisteröidyt nettisivulle, saat käyttöösi lisää tietovisoja ja kokeita. Nettisivulta löydät myös tämän kirjan tekstin, jossa on linkit kaikkiin tekstissä esiintyviin Raamatun jakeisiin, sekä ääni- ja videotiedostoja. Nämä lisämateriaalit auttavat sinua kertaamaan, painamaan mieleesi ja soveltamaan tässä kirjassa oppimiasi asioita.

Voit myös käyttää *Student's Handbook* -käsikirjaa pienryhmissä. Valitse rukoillen ne osiot, joiden uskot parhaiten soveltuvan omalle ryhmällesi. Joissakin tapaamisissa voitte siis käyttää kaikkea käsikirjan materiaalia ja toisissa vain osia siitä. Käytäthän maalaisjärkeäsi ja hengellistä näkökykyäsi. Voit myös vapaasti kopioida näitä sivuja ja jakaa niitä johtamillesi ryhmille.

Colin Dye

Osa 1

Täysin inhimillinen Poika

Läpi historian on aina ollut joitakin ihmisiä, jotka pitävät Jeesusta ainoastaan jumalallisena, ja toisia, jotka uskovat, että hän on ainoastaan ihminen. Kaikissa kristillisissä traditioissa ollaan – muista erimielisyyksistä huolimatta – oltu kuitenkin aina täysin yksimielisiä siitä, että Jeesus on ainutlaatuinen hahmo, joka on yhtä aikaa sekä *täysi ihminen* että *täysi Jumala*.

Useimpien ihmisten on helppo ajatella, että Jeesus oli täysi ihminen, mutta he myös olettavat, että hän oli ainoastaan ihminen: heidän on vaikea uskoa, että inhimillinen olento voisi olla myös jumalallinen olento.

Tämä yleinen väärä käsitys on pääsyy sille, miksi monet seurakunnat korostavat Jeesuksen jumalallisuutta. Jos kuitenkin keskitytään enemmän Pojan yhteen puoleen kuin toiseen, Poika päädytään tulkitsemaan väärin. Meidän tulisikin sen sijaan keskittyä yhtä lailla niin hänen täydelliseen jumalallisuuteensa kuin myös hänen täydelliseen ihmisyyteensä.

Uusi testamentti tietenkin opettaa, että Jeesus on paljon enemmän kuin vain yksi ihminen muiden joukossa. Tämä opetus kuitenkin asetetaan aina hänen aitoa ihmisyyttään vasten. Joten vaikka tässäkin kirjassa keskitytäänkin niin monilla tavoin korotetun Pojan tuntemiseen, näin aluksi selvitetään ensin perusteellisesti sitä puolta, että hän on täysi ihminen.

Jeesuksen ihmisyys

Matteuksen, Markuksen ja Luukkaan evankeliumit maalaavat Jeesuksesta samankaltaisen kuvan: vaikka niissä käytetäänkin eri aineksia eri seikkojen painottamiseksi, niissä kaikissa

Pojan tunteminen

käsitellään samaa henkilöä. (Joitakin Jeesuksen inhimillisestä elämästä kertovia Raamatun ulkopuolisia todisteita käsitellään kirjassa *Kadotettujen tavoittaminen*.) Avausjakeessaan Markus antaa ymmärtää, että hän on esittelemässä jonkun, joka on enemmän kuin ihminen, mutta myöhemmin hän kuitenkin esittää inhimillisen kuvan kärsivästä, palvelevasta Jeesuksesta. Matteus ja Luukas sitä vastoin aloittavat syntymäkertomuksilla, joissa kerrotaan Jeesuksen elämän vaatimattomista lähtökohdista: he esittävät Jeesuksen tavallisessa inhimillisessä kodissa ja esittelevät hänet näin henkilönä, joka joutui kohtaamaan kaikki tähän elämään liittyvät tavanomaiset paineet.

Luukkaan evankeliumin jakeet 2:39–52 ovat Raamatun ainoa selonteko Jeesuksen lapsuudesta, ja niissä paljastetaan jotakin hänen maallisen perheensä perustavanlaatuisesta ihmisyydestä. Luukkaan "piilevät huomautukset" jakeissa 2:40 ja 2:51–52 antavat ymmärtää, että Jeesus kasvoi aikuiseksi ihmisten kasvua säätelevien tavanomaisten lakien mukaan.

Kaikissa evankeliumeissa Jeesuksen kaste esitellään hänen toimintansa lähtölaukauksena ja osoitetaan, kuinka hän samastui tavanomaisiin ihmisiin, joita kokoontui hänen serkkunsa Johanneksen luo. Kastetta seuraavat kiusaukset paljastavat, että Jeesuksen täytyi – kaikkien muiden ihmisten tavoin – selvitä vaikeista moraalisista ja fyysistä koettelemuksista.

Matteus, Markus ja Luukas esittelevät Jeesuksen kaikin puolin ensimmäisen vuosisadan ihmisenä. Esimerkiksi:

- ◆ hän elää fariseusten, saddukeusten ja Herodeksen kannattajien hallitsemassa maailmassa

- ◆ hänen elämänsä on lyhyt, kuten ensimmäisen vuosisadan Palestiinassa oli tavanomaista

- ◆ hän parantaa ja opettaa ihmisiä, jotka joutuvat kohtaamaan samoja sosiaalisia ja poliittisia jännitteitä kuin hän itsekin

- ◆ hän on ihminen ihmisten joukossa, joka tekee samoja

Täysin inhimillinen Poika

asioita, joita tavallisetkin ihmiset tekevät – aterioi kodeissa, matkustaa kävellen ja laivoilla, maksaa veroja ja on tekemisissä mitä erilaisimpien ihmisten kanssa

◆ hän kokee syvää myötätuntoa sosiaalisesti syrjäytyneitä kohtaan

◆ hän kritisoi tekopyhyyttä ja väittelee uskonnollisten johtajien kanssa

◆ hän on niin ahdistunut Getsemanessa, että hikoilee runsaasti

◆ hän kokee itsensä hylätyksi ristillä.

Tästä inhimillisestä taustasta huolimatta noissa kolmessa evankeliumissa tehdään kuitenkin selväksi, että Jeesus oli hyvin erilainen kuin kukaan toinen ihminen.

Hän esimerkiksi:

◆ ilmoittaa omaavansa arvovallan jopa lain yli

◆ antaa synnit anteeksi

◆ saa luonnon käyttäytymään haluamallaan tavalla

◆ ajaa ulos riivaajia

◆ muuttuu kolmen opetuslapsensa edessä tavalla, joka on mahdotonta muille eläville henkilöille

◆ käyttää ja hyväksyy nimiä, jotka asettavat hänet aivan omaan luokkaansa.

Evankeliumit esittelevät Jeesuksen toistuvasti sekä täysin samastuneena ihmiskuntaan että täydellisen erillisenä ihmiskunnasta – ja vaikuttaa siltä, etteivät ne ole tietoisia jännitteestä, jonka tämä monille lukijoille synnyttää.

Johanneksen evankeliumi

On yleisesti tunnustettu seikka, että Johanneksen evankeliumi esittää erityisen selvällä tavalla Jeesuksen jumalallisuuden. Matteuksen ja Luukaan inhimillisistä "sukupuista" poiketen

Pojan tunteminen

Johanneksen evankeliumi alkaa taivaallisella sukuluettelolla, joka painottaa Jeesuksen olemassaoloa ennen kaikkea muuta ja hänen jumalallista alkuperäänsä. Tästä huolimatta jakeessa 1:14 korostetaan, että Sana tuli *lihaksi* ja "asui" tai "majaili" meidän keskellämme.

Johannes esittelee inkarnaation, Jumalan ihmiseksitulon, kuvauksella "Jumala pystyttää telttansa ihmiskunnan keskelle". Tätä käsitellään kirjassa *Pelastus armosta*, jossa sen havaitaan tarkoittavan, että Jumala tuli todelliseksi ihmiseksi. Vaikka Johanneksen evankeliumissa vahvasti painotetaankin Jeesuksen jumalallista luontoa, huomio ohjataan siinä usein myös hänen täysin inhimillisen "pyhäkkötelttansa" todellisuuteen. Johanneksen evankeliumi esimerkiksi osoittaa, että:

◆ monet ihmiset pitivät Jeesusta rabbina – 1:38, 3:2, 9:2, 11:8

◆ hän tuli väsyneeksi matkanteosta – 4:6

◆ hän tunsi janoa – 4:7, 19:28

◆ hän herätti vihaa – 7:44, 10:31–39, 11:57

◆ hän itki ystävänsä kuolemaa – 11:33–35

◆ hän pesi jalkoja – 13:1–5

◆ hän valmisti aterian – 21:9.

Alkuseurakunta
Vaikka Apostolien teoissa keskitytäänkin korotettuun Jeesukseen, Jeesus esitellään siinä usein "Jeesus Nasaretilaisena" – esimerkiksi kohdissa Ap. t. 2:22, 3:6, 4:10, 6:14, 10:38, 22:8 ja 26:9. Tämä osoittaa, että hän oli todellinen, historiallinen henkilö, joka asui aitona miehenä pienessä Nasaretin kaupungissa – tosiseikka, jota ei lähes yksikään varteenotettava tutkija enää nykyään kiistä.

Koska Paavalin kirjeissä on vain harvoja tosiseikkoja Jeesuksesta, jotkut tutkijat ovat väittäneet, että hän tiesi

Täysin inhimillinen Poika

historiallisesta Jeesuksesta vain vähän. Apostolien tekojen jae 9:26 kuitenkin kertoo, että Paavali tapasi apostolit Jerusalemissa, jae 12:25 paljastaa, että Markus oli Paavalin kumppani, ja jakeet 23:35 ja 24:23-27 osoittavat, että kun Paavali vietti kaksi vuotta vangittuna Kesareassa (Rooman valtakunnan aikaisessa Palestiinan alueen pääkaupungissa), hänellä oli vapaus tavata muita opetuslapsia. (Apostolien teot antavat viitteitä siitä, että Luukas huolehti Paavalista tämän vankeuden aikana, ja on myös hyvin todennäköistä, että Luukas koetteli Paavalin julistaman evankeliumin tuon kahden vuoden jakson aikana. Jos näin on, hän olisi varmasti myös keskustellut Paavalin kanssa, jos olisi löytänyt siitä jotakin huomautettavaa.)

Totuus on, että Paavalin kirjeet ovat oppiin liittyvää ohjausta ja pastoraalista oikaisua sisältäviä kirjoituksia nuorille seurakunnille. Niissä ei pyritä esittelemään Jeesuksen persoonaa tai opettamaan Jeesuksen elämän tapahtumista. Tästä huolimatta Paavalin kirjeet sisältävät monia yksityiskohtia, jotka korostavat Jeesuksen historiallista ihmisyyttä. Paavali esimerkiksi osoittaa, että:

- ◆ Jeesus oli Daavidin jälkeläinen – Room. 1:3
- ◆ Jeesus kuului lihan puolesta Israeliin – Room. 9:5 (vrt. v. 1938 käännös)
- ◆ Jumala lähetti Jeesuksen tiettynä aikana syntymään naisesta ja elämään lain alla – Gal. 4:4
- ◆ Jeesuksella oli veli (jonka Paavali tunsi) – Gal. 1:19
- ◆ Jeesus oli köyhä – 2. Kor. 8:9
- ◆ Jeesus ristiinnaulittiin, haudattiin ja hän nousi kuolleista – 1. Kor. 15:4
- ◆ Jeesus asetti Herran aterian – 1. Kor. 11:23-26
- ◆ Jeesus oli lempeä ja hyvä – 2. Kor. 10:1
- ◆ Jeesus oli vanhurskas ja synnitön – Room. 5:18 ja 2. Kor.

Pojan tunteminen

5:21

◆ Jeesus oli nöyrä ja kärsivällinen – Fil. 2:6–8 ja 2. Tess. 3:5 (vrt. v. 1938 käännös)

◆ Jeesus oli ihminen samalla tavalla kuin Aadam oli ihminen – Room. 5:12–21 ja 1. Kor. 15:21–22

◆ Jeesus oli ihminen – 1. Tim. 2:5.

Heprealaiskirje alkaa esittelemällä Jeesuksen Jumalan korotettuna Poikana (jakeet 1:1–3), kaiken perillisenä ja kaiken Luojana. Sitten se kuitenkin tasapainottaa tätä tarjoamalla suuren määrän tietoa Pojan täysin inhimillisestä luonnosta. Heprealaiskirje esimerkiksi osoittaa, että Jeesus:

◆ oli asetettu enkeleitä alemmaksi ja että hänen tehtävänsä oli ottaa ihmisiä suojelukseensa – 2:9 ja 16

◆ oli lihaa ja verta kuten kaikki muutkin ihmiset – 2:14

◆ koki kiusauksia – 2:18 ja 4:15

◆ rukoili huutaen ja itkien – 5:7

◆ oppi kuuliaisuutta kärsimyksistä – 2:10 ja 5:8–9

◆ koki jumalanpelkoa – 5:7 (vrt. v. 1938 käännös)

◆ piti kuolemaa väistämättömänä osana toimintaansa – 2:9 ja 14.

Kirjassa *Pelastus armosta* havaitaan, että Heprealaiskirje keskittyy Jeesuksen "uhrikuoleman" käsitteeseen. Siinä selvitetään seikat, jotka tekevät Jeesuksesta ihmiskunnan suuren ylipapin, ja osoitetaan, että Jeesuksen ihmisyys on välttämätöntä ajatukselle siitä, että hän antaa itsensä uhrina Hengen kautta. Tämä havaitaan esimerkiksi kohdissa 9:14 ja 26–28 sekä 10:10 ja 20.

Ihmisillä ei yksinkertaisesti olisi pääsyä Jumalan luo, jos ihmis-Jeesus ei olisi toiminut välimiehenä ihmisten ja Jumalan välillä ja raivannut meille tietä. Kaikkialla Uudessa testamentissa kuvataan yhä uudelleen sekä Jeesuksen *jumalallista lapseutta*

Täysin inhimillinen Poika

että hänen *täydellistä ihmisyyttään*. Uuden testamentin ilmoituksen mukaan Jeesus on samanaikaisesti sekä Poika, joka heijastaa Jumalan kirkkautta, että ihminen, joka kokee kiusauksia meidän tavoin. Tämä on tärkeä totuus, ja meidän täytyykin pyrkiä kaikin keinoin säilyttämään nämä molemmat puolet tiiviisti yhdessä siinä, kuinka ymmärrämme ja koemme Jeesuksen ja kuinka julistamme häntä.

Jeesuksen synnitön ihmisyys

Uusi testamentti ei ainoastaan esittele Jeesusta täysin ihmisenä vaan painottaa myös sitä, että hän on synnitön ihminen – itse asiassa sitä, että hän on ainoa täysin synnitön henkilö koskaan lukuun ottamatta Aadamia ja Eevaa ennen syntiinlankeemusta. Tämä havaitaan kohdissa Hepr. 4:15; 1. Piet. 2:22 ja 1. Joh. 3:5.

Vaikka Jeesus ei missään kohtaa evankeliumeissa suoraan väitä olevansa synnitön, monet seikat osoittavat hänen ehdottomaan täydellisyyteensä, eikä ole mitään, mikä olisi ristiriidassa tämän ajatuksen kanssa. Esimerkiksi:

- Jeesus ei koskaan tunnusta mitään syntiä

- Jeesus kutsuu ihmisiä tekemään parannusta mutta ei koskaan ilmaise millään lailla, että hän itse tarvitsisi parannuksentekoa

- Jeesus tulee Johanneksen kastettavaksi, koska heidän tuli näin "täyttää kaikki vanhurskaus", ei merkkinä parannuksen tekemisestä – Matt. 3:14–15 (vrt. v. 1938 käännös)

- Jeesus vastustaa pahaa tarkalla ja herkällä tavalla – Matt. 16:23

- Jeesus vastustaa täysin kaikkia kiusauksia – Matt. 4:1–11

- Jeesus tuomitsee tekopyhyyden, mutta kukaan ei vastaa hänelle tuomitsemalla hänen tekopyhyyttään – Matt. 23:1–36

Pojan tunteminen

◆ Jeesus kehottaa muita ihmisiä olemaan yhtä täydellisiä kuin Jumala, mutta ei osoita tätä kehotusta itselleen eikä anna mitään viitteitä siitä, että hän itse olisi mitään muuta kuin täydellinen – Matt. 5:20

◆ Jeesus tekee eron itsensä ja "pahojen" kuuntelijoidensa välillä – Matt. 7:11

◆ Jeesusta ei koskaan syytetä siitä, etteikö hän eläisi omien opetustensa mukaisella tavalla

◆ Jeesus väittää hämmästyttäviä asioita itsestään – asioita, jotka olisivat täysin ylimielisiä, jos hän ei moraalisesti toimisi niiden mukaisella tavalla – Joh. 8:12

◆ Jeesusta ei koskaan syytetä mistään synnistä, ei edes silloin, kun hän pyytää kuulijoitaan tekemään niin – Joh. 8:44

◆ Jeesus väittää tekevänsä Jumalan tahdon, ja hän tekee tämän tavalla, joka antaa ymmärtää, että hänen olisi aivan mahdotonta toimia millään muullakaan tavalla – Joh. 10:37, 14:10–11 ja 31, 15:10 sekä 17:4

◆ Jeesus väittää olevansa yhtä Isän kanssa – Joh. 10:30 ja 17:22.

Alkuseurakunta viittasi usein epäsuorasti Jeesuksen synnittömyyteen kuvaamalla häntä "pyhäksi" ja "vanhurskaaksi". Tämä havaitaan esimerkiksi kohdissa Ap. t. 2:27, 3:14, 4:30, 7:52 ja 17:31.

Se tosiseikka, että Jeesus oli täysin synnitön, tulee kaikista selvimmin esiin Paavalin opetuksissa pelastuksesta. Aivan kuten Heprealaiskirje osoittaa, että Jeesuksen täytyi olla täysi ihminen voidakseen toimia ylipappina Jumalan ja ihmisten välillä, samoin kohdat 2. Kor. 5:21 ja Gal. 3:13 osoittavat, että Jeesuksen täytyi olla täysin synnitön, jotta hänen kuolemansa saattoi olla hyväksyttävä ja toimiva uhri. Jos tätä ajatellaan huolella, tulisi olla selvää, että Jeesus voitiin tehdä synniksi vain, jos hän itse oli synnitön, ja että hänet voitiin tehdä kiroukseksi

Täysin inhimillinen Poika

vain, jos hän ei itse ollut kirouksen alla. Vuosien saatossa jotkut tutkijat ovat pohdiskelleet, tarkoittiko Jeesuksen ehdoton synnittömyys sitä, ettei hänen ollut mahdollista tehdä syntiä. Uusi testamentti kuitenkin vakuuttaa, että häntä koeteltiin kaikilla samoilla tavoilla kuin meitäkin *ja* että hän oli täysin synnitön.

Toiset tutkijat taas ovat pohdiskelleet, oliko Jeesuksen mahdollista olla täysi ihminen olematta kuitenkaan altis synnille samalla tapaa kuin kaikki ihmiset ovat. Uudessa testamentissa ei kuitenkaan missään kohdin anneta ymmärtää, että Jeesuksen täytyi tulla identtiseksi ihmiskunnan ja sen langenneen luonnon kanssa voidakseen lunastaa sen synnistä. Sen sijaan siellä annetaan ymmärtää, että Jeesus oli toinen Aadam – että hän oli aidosti inhimillinen (kuten Jumala on tarkoittanut ja tarkoittaa koko ihmiskunnan olevan), mutta ilman Eedenin jälkeistä langennutta luontoa.

Kuten Aadam osoitti, jopa täydellinen, syntiin lankeamaton ihmiskunta oli vapaa tekemään syntiä kohdatessaan todellisia kiusauksia. Jeesuksen synnittömän ihmisyyden todellinen ihme onkin se, että hän on ainoa, joka ei taipunut kiusaukseen sanoa "ei" Jumalalle – ja tämän ansiosta meillä voi olla pelastus.

Poika
Kirjassa *Isän tunteminen* havaitaan, että Raamattu paljastaa monia puolia Jumalan luonnosta niiden nimien kautta, joilla Jumala esittelee itsensä kansalleen, sekä niiden nimien ja nimitysten kautta, joilla ihmiset kokivat innoitusta kutsua häntä.

Sama pätee Pojan täysin inhimilliseen ja täysin jumalalliseen puoleen. Uusi testamentti esimerkiksi paljastaa, että hän on:

- ◆ Jeesus – Matt. 1:1
- ◆ Kristus – Matt. 1:1
- ◆ Daavidin poika – Matt. 1:1
- ◆ Abrahamin poika – Matt. 1:1

Pojan tunteminen

- juutalaisten Kuningas – Matt. 2:2
- Nasaretilainen – Matt. 2:23
- Herra – Matt. 3:3
- minun rakas Poikani – Matt. 3:17
- Jumalan Poika – Matt. 4:3
- Herra, Jumalasi – Matt. 4:7
- opettaja – Matt. 8:19
- Ihmisen Poika – Matt. 8:20
- sulhanen – Matt. 9:15
- sapatin herra – Matt. 12:8
- elävän Jumalan Poika – Matt. 16:16
- profeetta – Matt. 21:11
- kuningas – Matt. 25:34
- rabbi – Matt. 26:25
- galilealainen Jeesus – Matt. 26:69
- Jumalan Pyhä – Mark. 1:24
- Korkeimman Jumalan Poika – Mark. 5:7
- rakennusmies – Mark. 6:3
- Marian poika – Mark. 6:3
- Jaakobin, Joosefin, Juudaksen ja Simonin sekä siskojensa veli – Mark. 6:3
- ylistetyn Jumalan Poika – Mark. 14:61
- Jumalan valittu – Luuk. 23:35
- Jumalan Karitsa – Joh. 1:29
- maailman pelastaja – Joh. 4:42
- elämän leipä – Joh. 6:35

Täysin inhimillinen Poika

◆ maailman valo – Joh. 8:12
◆ minä olen – Joh. 8:24
◆ lampaiden portti – Joh. 10:7
◆ hyvä paimen – Joh. 10:11
◆ ylösnousemus ja elämä – Joh. 11:25
◆ tie, totuus ja elämä – Joh. 14:6
◆ tosi viinipuu – Joh. 15:1
◆ Herrani ja Jumalani – Joh. 20:28
◆ pyhä ja vanhurskas – Ap. t. 3:14
◆ elämän ruhtinas – Ap. t. 3:15
◆ Ruhtinas ja Pelastaja – Ap. t. 5:31
◆ Herra Jeesus Kristus – Ap. t. 28:31
◆ meidän pääsiäislampaamme – 1. Kor. 5:7
◆ seurakunnan pää – Ef. 5:23
◆ kuninkaiden Kuningas ja herrojen Herra – 1. Tim. 6:15
◆ pelastuksen päämies – Hepr. 2:10 (v. 1938 käännös)
◆ apostoli ja ylipappi – Hepr. 3:1
◆ uuden liiton välimies – Hepr. 12:24
◆ kirkkauden Herra – Jaak. 2:1
◆ ylin paimen – 1. Piet. 5:4
◆ elämän Sana – 1. Joh. 1:1
◆ luotettava todistaja, esikoisena kuolleista noussut – Ilm. 1:5
◆ alfa ja oomega, ensimmäinen ja viimeinen – Ilm. 1:17
◆ Aamen – Ilm. 3:14
◆ Juudan heimon leijona, Daavidin juuriverso – Ilm. 5:5

Pojan tunteminen

- uskollinen ja totuudellinen – Ilm. 19:11
- kirkas aamutähti – Ilm. 22:16.

Vaikka suurinta osaa näistä käytetään Uudessa testamentissa vain kerran tai kahdesti, lähes kaikilla niillä on tietty vanhatestamentillinen tausta. Pojan luonnosta ja tehtävästä voidaan oppia paljon tutkimalla tarkasti näitä nimiä ja nimityksiä, mutta jos niihin sisältyvää tietoa halutaan ymmärtää oikein, on välttämätöntä tarkastella niiden raamatullista taustaa.

Edellä mainituista nimityksistä neljää käytetään Uudessa testamentissa hyvin tiuhaan. Jeesusta kutsutaan usein "Kristukseksi", "Ihmisen Pojaksi", "Herraksi" tai "Jumalan Pojaksi". Nämä nimet opettavat meille paljon hänen ainutlaatuisesta luonteestaan ja kutsumuksestaan.

Vaikka olisikin liian yksinkertaistettua väittää, että jokainen näistä nimityksistä osoittaa joko hänen täydelliseen ihmisyyteensä tai hänen täydelliseen jumalallisuuteensa, usein sanotaan, että "Kristus" ja "Ihmisen Poika" keskittyvät enemmän hänen ihmisyyteensä ja "Herra" ja "Jumalan Poika" sitä vastoin painottavat hänen jumalallisuuttaan. Tästä ei kuitenkaan tule pitää liian tiukasti kiinni, sillä – kuten jäljempänä havaitaan – sellaisella nimityksellä kuten vaikka "Ihmisen Poika" on hyvin todennäköisesti myös jumalallisia sivumerkityksiä.

Kristus

Kreikan kielen sana *christos* tarkoittaa "Voideltua", ja se vastaa hepreankielen termiä "Messias". Tämä osoittaa, että Jeesus oli mies, joka oli erityisellä tavalla voideltu tai erotettu jotakin tiettyä tehtävää varten.

"Kristus" on se nimitys, jota Jeesuksesta käytetään kaikista useimmin. Myös se, että ensimmäisiä uskovia alettiin pian kutsua "kristityiksi", havainnollistaa sitä, kuinka tärkeä tämä nimi on sille, kuinka tunnemme Pojan.

Täysin inhimillinen Poika

Vanhatestamentillinen tausta

Vanha testamentti ilmoittaa edeltä "messiaanisen" ajan, johon liittyy lupaus ihmeellisistä asioista Jumalan kansalle. Tämä havaitaan esimerkiksi kohdissa Jes. 26-29, 40-66; Hes. 40-48; Dan. 12 ja Joel 2:28-3:21.

On kuitenkin yllättävää, että sanaa "Messias" käytetään profeetallisesti ainoastaan Danielin kirjan jakeissa 9:25-26. Muissa kohdissa se viittaa tiettyä tarkoitusta varten "voideltuihin" ihmisiin - kuten kohdissa 1. Sam. 24:10; Jes. 45:1; Valit. 4:20; Hab. 3:13 ja Sak. 4:14. "Voidellun" Kyyroksen tarinasta voidaan päätellä viisi messiaanista periaatetta:

◆ Hän oli Jumalan erityisesti valitsema - Jes. 41:25.

◆ Hän oli asetettu toteuttamaan Jumalan kansan lunastukseen liittyviä tarkoituksia - Jes. 45:11-13.

◆ Hänet oli asetettu saattamaan käytäntöön Jumalan tuomio - Jes. 47.

◆ Hänelle annettiin valta hallita kaikkia kansoja - Jes. 45:1-3.

◆ Kaikessa hänen toiminnassaan todellinen tekijä oli Jumala itse - Jes. 45:1-7.

Vanhassa testamentissa on kolme erillistä ihmisryhmää, jotka voideltiin tiettyä virkaa tai palvelutehtävää varten:

◆ papit - 3. Moos. 4:3

◆ kuninkaat - 1. Kun. 19:15-16

◆ profeetat - 1. Kun. 19:16.

Nämä kolme voideltua virkaa valmistivat tien sille "Voidellulle", joka olisi *se* profeetta, *se* pappi ja *se* kuningas", jonka Jumala valitsisi ja voitelisi tuomaan mukanaan luvatun messiaanisen ajan.

Jeesus Messias

Nykyuskovat pitävät "Kristusta" usein lisänimenä "Jeesukselle". Heille hän on Jeesus Kristus samalla tavoin kuin he itse ovat

Pojan tunteminen

"Ville Virtanen" tai "Kaisa Korhonen". "Kristus" on kuitenkin Jeesuksen arvonimi, ei hänen sukunimensä: hän on "Kristus Jeesus" tai "Jeesus Kristus" samalla tavoin kuin joku ihminen on "tohtori Mäkelä" tai "Nieminen, lihakauppias".

Jos tämän nimityksen merkitys halutaan todella nostaa sille kuuluvaan arvoonsa, on hyödyllistä korvata yksittäinen sana "Kristus" omassa mielessä sanoilla "se Kristus" tai "Voideltu", kun kyseinen sana tulee Raamattua lukiessa vastaan. Tämä voidaan tehdä esimerkiksi kohdissa Matt. 1:18, 16:16 ja 20, 26:63, 27:22; Mark. 8:29, 14:61; Luuk. 2:11 ja 26, 9:20, 22:67; Joh. 4:29, 7:26-31 ja 40-42, 9:22, 10:24; Ap. t. 2:36, 3:20, 4:26, 5:42, 9:22, 17:3, 18:28 sekä 26:23.

Vaikka jakeissa Ap. t. 10:38 ja Luuk. 4:18 annetaankin ymmärtää, että Jeesus voideltiin kasteensa yhteydessä julkisesti Messiaaksi, Jeesus käytti tätä nimeä itsestään vain harvoin. Tämä saattoi johtua siitä, että juutalaiset olisivat ymmärtäneet sen tarkoittavan, että hän oli poliittinen vapahtaja.

Jeesus kyllä hyväksyi tämän nimityksen, kun Pietari tunnusti hänet Messiaaksi Markuksen evankeliumin jakeissa 8:27-30, mutta hän käski opetuslapsiaan pitämään tämän tiedon salassa. Lisäksi hän myönsi olevansa Messias myös, kun ylipappi kysyi häneltä Markuksen evankeliumin jakeissa 14:61-64, oliko hän Kristus. Tämän myöntämisen seurauksena Jeesus sai kuolemanrangaistuksensa – jonka Jumala pian peruutti, kun hän herätti Jeesuksen kuolleista, korotti hänet korkealle ja julisti ristiinnaulitun Jeesuksen olevan "Herra ja Messias". Tämä havaitaan kohdissa Ap. t. 2:36 ja Room. 1:4.

Jeesus oli melko erilainen "profeetta, pappi ja kuningas" kuin millaista juutalaiset odottivat. He uskoivat, että Kristus olisi voidellun Daavidin kaltainen mahtava hallitsija. Ja itse asiassa taivaallinen ääni Jeesuksen kasteen yhteydessä julistikin hänen olevan Psalmin 2 messiaaninen Poika (Mark. 1:11). Mutta lisäämällä heti perään Jesajan kirjan jakeen 42:1 sanat tuo ääni myös teki selväksi, että Jeesuksen voitelu ei ilmenisi ainoastaan kuninkaallisena hallitsemisena vaan yhtä lailla myös kärsivänä palvelemisena.

Täysin inhimillinen Poika

Alkuseurakunta

Alkuseurakunta viittasi Jeesukseen toistuvasti nimellä Kristus, ja se oli myös heidän julistuksensa olennainen sisältö – erityisesti juutalaisille. Tämä havaitaan esimerkiksi kohdissa Ap. t. 3:16–18, 4:10 ja 26, 5:42, 8:5 ja 8:12, 9:20–22, 10:36–38, 11:17, 17:3, 18:5, 24:24 ja 28:31.

Apostolien tekojen jakeet 9:20–22 osoittavat, että Paavalin kääntymyksen kannalta perustavanlaatuisen tärkeä hetki oli se, kun hän tunnisti ja tunnusti, että Jeesus on Messias. Hän kutsuukin Jeesusta toistuvasti Kristukseksi kaikissa kirjeissään.

Oppineena juutalaisena Paavalikin hyvin todennäköisesti muiden tavoin odotti, että Messias olisi poliittinen lunastaja – ja tällöin Jeesuksen kuolema olisi ollut todiste siitä, ettei Jeesus ollut Kristus.

Paavalin kohdalla ylösnousemus kuitenkin muutti kaiken: se todisti, että Jeesus oli Jumalan Voideltu, ja paljasti, että hän oli tullut perustamaan kaikille avoimen hengellisen valtakunnan pikemmin kuin vain juutalaisille avoimen fyysisen valtakunnan.

Koska Pietari oli ensimmäinen opetuslapsi, joka tunnisti ja tunnusti Jeesuksen olevan Kristus, ei ole yllättävää, että hän nostaa Jeesuksen voitelun tärkeäksi teemaksi sekä julistuksessaan Apostolien teoissa että kirjeissään. Jakeiden 1. Piet. 1:3, 11 ja 19, 2:21–25, 3:18–21, 4:1 ja 13 sekä 5:1 kaltaiset kohdat osoittavat, että alkuseurakunta julisti Jeesuksen olevan Messias, joka on samanaikaisesti kärsivä palvelija ja ylösnoussut, kuoleman voittanut Herra. Tämä toistaa monella tapaa myös sitä taivaallista ilmoitusta, joka annettiin Jeesuksen kasteen yhteydessä.

Daavidin poika

Nimitys "Daavidin poika" liittyy läheisesti "Kristukseen", sillä Vanha testamentti ilmoittaa, että Messias on kuningas, joka on fyysisesti Daavidin jälkeläinen. Tämä havaitaan esimerkiksi kohdissa 2. Sam. 7:16; Jer. 30:9, 33:15; Hes. 34:23–31, 37:24 ja Hoos. 3:5.

Pojan tunteminen

Matteus ja Luukas molemmat luettelevat Jeesuksen sukupuut Daavidiin saakka vahvistaakseen sen, että Jeesus on kelpoinen olemaan Kristus. Luukas taas ilmoittaa profeetallisesti jakeissa 1:32 ja 69, että Jeesus on Daavidin kauan odotettu jälkeläinen.

Ihmiset kutsuvat Jeesusta "Daavidin pojaksi" Matteuksen evankeliumin jakeissa 9:27, 12:23, 15:22 ja 21:15. Nämä kohdat antavat ymmärtää, että ihmeet saivat ihmiset toivomaan, että Jeesus olisi riittävän voimallinen olemaan tuleva lunastaja. Vaikuttaa kuitenkin siltä, että ne eivät silti saaneet ihmisiä ajattelemaan, että hän olisi Messias.

Jeesus ei koskaan julkisesti kutsunut itseään Daavidin pojaksi, ei edes Matteuksen evankeliumin jakeissa 22:41–46. Toisaalta hän ei myöskään koskaan kieltänyt tuota nimitystä, kun ihmiset liittivät sen häneen.

Kun alkuseurakunta saarnasi juutalaisille, heille oli tärkeää selvittää Jeesuksen valtuudet Messiaana osoittamalla hänen olevan Daavidin jälkeläinen. Tämä havaitaan esimerkiksi kohdissa Ap. t. 13:16–23; Room. 1:3 ja 2. Tim. 2:8.

Nämä "inhimilliset sukujuuret" todistivat, että hän oli inhimillisesti pätevä täyttämään Jumalan Daavidille antamat liittolupaukset ja hallitsemaan inhimillisenä kuninkaana, jolla on kuninkaallinen arvovalta. Tätä painotetaan Ilmestyskirjan jakeissa 3:7, 5:5 ja 22:16.

Palvelija
Edellä havaittiin, että Jeesuksen kasteen yhteydessä kuultu taivaallinen ääni esitteli Jeesuksen sekä Psalmin 2 voideltuna hallitsijana, joka täyttäisi Daavidin liiton siunaukset, että Jesajan kirjan rakastettuna kärsivänä palvelijana. Siihen, miten ymmärrämme Jeesuksen "Kristuksena", täytyy siis sisältyä molemmat puolet: sekä "Daavidin pojan" kuninkaallinen arvovalta että "Jumalan palvelijan" uhrautuva palveleminen.

Vaikka Jeesus ei koskaan käyttänytkään itsestään nimikettä "Jumalan palvelija" eikä sitä koskaan käytetty hänestä evankeliumeissa, on selvää, että hänen ajateltiin olevan se

Täysin inhimillinen Poika

erityinen henkilö, johon viitataan Jesajan neljässä "palvelijan laulussa" – 42:1–4, 49:1–6, 50:4–9 ja 52:13–53:12.

Jesaja profetoi, että Jumala kutsuisi tämän palvelijan ja antaisi tälle Henkensä. Että tämä palvelija palauttaisi Israelin ja toisi oikeudenmukaisuuden tullessaan, että hän toimisi maailmanlaajuisesti ja julistaisi tuomionsa kansoille, mutta että hänen täytyisi kärsiä suunnattomasti tarkoituksensa täyttämiseksi.

Apostolien tekojen kohdat 3:13, 3:26 ja 4:27–30 osoittavat, että alkuseurakunta piti Jeesusta juuri tänä palvelijana, ja monia neljän "palvelijan laulun" sanamuotoja käytetään myös Jeesuksesta – esimerkiksi jakeissa Matt. 8:17, 12:18–21, 20:28; Mark. 9:12, 10:45; Luuk. 22:37; Room. 4:25, 8:32–34; Hepr. 9:28; 1 Piet. 1:10–11, 2:21–25 ja 3:18.

Ajatus siitä, että Jeesus on Jumalan kärsivä palvelija, heijastuu myös joihinkin muihin hänen nimiinsä ja nimityksiinsä. Esimerkiksi kuvailevat nimikkeet *Jumalan Karitsa*, *Jumalan valittu*, *rakas* ja *oikeamielinen* kaikki juontavat juurensa "palvelijan lauluista".

Ihmisen Poika

Evankeliumit kertovat, että Jeesus kutsui itseään yleensä "Ihmisen Pojaksi". Mielenkiintoinen seikka on, ettei niissä kerrota kenenkään muun kutsuneen Jeesusta näin, eikä kyseistä nimeä ole käytetty lähes koskaan myöskään muualla Uudessa testamentissa.

Tutkijat eivät ole varmoja siitä, mitä tämä nimitys tarkoittaa tai mistä se on saanut alkunsa. Hesekielin kirjassa tätä termiä käytetään 93 kertaa ihmisprofeettaa puhuteltaessa – joten jotkut ajattelevat sen osoittavan, että Jeesus väitti näin olevansa ihmisten edustaja. Toiset taas ovat väittäneet tämän nimityksen paljastavan, että Jeesus ajatteli itsensä olevan *perimmäinen* ihmisten edustaja, ja jotkut taas uskovat sen viittaavan Psalmin 8 jakeisiin 4–8 tai Danielin kirjan jakeiden 7:13–14 eskatologiseen hahmoon.

Pojan tunteminen

Tuon nimityksen todellinen merkitys voidaan ymmärtää vain tunnistamalla, kuinka Jeesus sitä käytti. Vaikuttaa siltä, että Jeesus käytti nimitystä "Ihmisen Poika" kolmella eri tavalla:

1. Viitatakseen Ihmisen Pojan toimintaan maan päällä:
- ◆ hänen arvovaltaansa – Mark. 2:10 ja 28 sekä Joh. 9:35-39
- ◆ hänen elämäntapaansa – Matt. 8:20 ja 11:19
- ◆ hänen merkitykseensä – Matt. 12:32
- ◆ hänen toimintaansa – Matt. 13:37; Luuk. 19:10, 22:48 ja Joh. 6:27.

2. Viitatakseen Ihmisen Pojan kärsimyksiin:
- ◆ ilmoittaakseen edeltä hänen kuolemansa – Mark. 8:31, 9:9, 12 ja 31, 10:33; Luuk. 11:30; Joh. 8:28 sekä 12:23-24
- ◆ osoittaakseen, kuinka suuri merkitys hänen kuolemallaan on – Mark. 10:45; Joh. 3:13-14 ja 6:53
- ◆ ilmoittaakseen edeltä hänen kavalluksensa – Mark. 14:21 ja 41.

3. Viitatakseen Ihmisen Pojan tulevaan toimintaan ja kirkastamiseen:
- ◆ kertoakseen hänen paluustaan – Matt. 24:37-39 ja 44; Mark. 8:38, 13:26, 14:62; Luuk. 17:22-30 ja 18:8
- ◆ ilmoittaakseen, mitä hän on tekevä – Matt. 13:41; Luuk. 12:8; Joh. 1:51 ja 5:27-30
- ◆ osoittaakseen hänen kirkkautensa – Matt. 19:28, 25:31 ja Luuk. 21:36.

On selvää, että tämä kyseisen nimityksen kolmas käyttötapa liittyy hyvin tiiviisti Danielin kirjan jakeiden 7:13-14 hahmoon ja sen ensimmäinen ja toinen käyttötapa taas Jesajan kirjan kärsivään palvelijaan.

Täysin inhimillinen Poika

Tästä voidaan päätellä, että aivan kuten "Kristukseenkin" liittyy sekä "Daavidin pojan" majesteettisuus että "Palvelijan" nöyryys, samoin "Ihmisen Pojassa" yhdistyvät sekä Danielin profeetallisen hahmon kirkkaus että Jesajan kirjan kärsivän palvelijan uhri. Näiden kahden muodostama yhdistelmä on erityisen selvä Markuksen evankeliumin jakeessa 10:45.

Jos luodaan yleiskatsaus siihen tapaan, jolla Jeesus käyttää tätä nimitystä, voidaan havaita, että se korostaa kolmea hänen luonteensa toisiaan täydentävää puolta.

♦ Hänen ainutlaatuista arvovaltaansa – antaa synnit anteeksi, valvoa sapattia, osallistua tuomitsemiseen, hyväksyä ihmiset Jumalan edessä.

♦ Hänen ainutlaatuista ihmisyyttään – hän kärsi muiden käsissä, hänellä ei ollut paikkaa missä asua, hän ei suostunut hyötymään nimensä tuomista aineellisista eduista, eikä hän halunnut seuraajiensakaan tekevän niin.

♦ Hänen ainutlaatuista kirkkauttaan – hän puhui usein Ihmisen Pojan tulevaan tulemiseen liittyvästä kirkkaudesta; hän julisti, että hänen kärsimyksensä olisivat varma polku tulevaan kirkkauteen; jakeet Joh. 1:51, 3:13 ja 6:62 osoittavat, ettei tämä kirkkaus ole uusi kokemus, sillä se on hänen oikeutensa.

Yllättävää on, että nimitystä "Ihmisen Poika" käytetään Uudessa testamentissa vain neljä kertaa evankeliumien ulkopuolella.

♦ Stefanos käytti sitä Apostolien tekojen jakeessa 7:56 kuolemansa yhteydessä korostaakseen taivaaseen astuneen Pojan kirkkautta ja tämän korotettua taivaallista asemaa.

♦ Heprealaiskirjeen jakeissa 2:6–8 lainataan Psalmin 8 jakeita 4–6 osana yleistä selontekoa Jeesuksen ihmisyydestä, jonka kerrotaan olevan olennainen ominaisuus hänen ylipapillisessa tehtävässään.

29

Pojan tunteminen

◆ Ilmestyskirjan jakeissa 1:13 ja 14:14 sitä käytetään samankaltaisella tavalla kuin Danielin kirjan jakeissa 7:13-14 kuvaamaan taivaallista henkilöä, joka ilmestyy inhimillisessä muodossa.

Ihmis-Jeesus

Edellä havaittiin, että Uusi testamentti osoittaa Jeesuksen täydelliseen ihmisyyteen kertomalla useita pieniä tosiseikkoja ja satunnaisia yksityiskohtia ja kutsumalla häntä "Kristukseksi" (Voidelluksi) ja "Ihmisen Pojaksi".

Nämä nimitykset täydentävät toisiaan, ja voidaankin sanoa, että yleisellä tasolla "Kristus" viittaa pohjimmiltaan siihen, *kuka Jeesus on* Poikana (Voideltuna, rakkaana, Jumalan valittuna, kauan odotettuna profeettana, pappina ja kuninkaana ja niin edelleen), ja että "Ihmisen Poika" taas osoittaa siihen, *mitä Jeesus tekee* Poikana (hän tulee taivaasta, hän antaa anteeksi, hän parantaa, hän kärsii, hän kuolee, hän tuomitsee, hän palaa taivaaseen, hän palaa maan päälle kirkkaudessa ja niin edelleen).

Kun nyt siirrytään käsittelemään Pojan täydellistä jumalallisuutta ja tarkastelemaan, kuinka me voimme tuntea hänet henkilökohtaisesti (ja tietämisen tasolla), ei pidä unohtaa, että hän on täysi ihminen ja että hän on – periaatteessa – kohdannut jokaisen ongelman ja kiusauksen, jonka me joudumme kohtaamaan.

Kun vastaamme hänen kutsuunsa seurata häntä, voimme olla varmoja siitä, ettei hän kutsu meitä seuraamaan itseään mihinkään, missä hän ei itse ole ollut, tekemään mitään, mitä hän ei ole jo tehnyt, sanomaan mitään, mitä hän ei ole sanonut, kestämään mitään, mitä hän ei ole kestänyt, tai kohtaamaan mitään, mitä hän ei ole kohdannut.

Osa 2

Täysin jumalallinen Poika

Edellä havaittiin, että Jeesus esitellään Uudessa testamentissa todellisena ihmisenä: Uudessa testamentissa osoitetaan, että hän syntyi tavanomaisella inhimillisellä tavalla, että hän eli, hengitti ja kuoli kuten kaikki muutkin ihmiset ja että hän koki kipua ja painostusta, nälkää ja väsymystä, iloa ja surua sekä koetuksia ja kiusauksia täysin samanlaisella tavalla kuin mekin nykyään.

Lisäksi Raamattu kuitenkin kertoo, että Jeesus oli enemmän kuin vain täysin inhimillinen – että hän oli jopa enemmän kuin vain täydellinen, synnitön ihminen. Raamatussa nimittäin ilmoitetaan, että Jeesus oli paitsi täysin inhimillinen *myös* täysin jumalallinen; että hän oli ihmiseksi tullut Jumala.

Johanneksen evankeliumi paljastaa Jeesuksen jumalallisuuden erityisen selvällä tavalla. Tämän se tekee pohjimmiltaan esittelemällä hänet "Jumalan Sanana", *logoksena*, joka on Jumalan henkilökohtainen ilmoitus itsestään, ja kertomalla useista *"Minä olen"* -sanavalinnoista, joissa Jeesus tuntuu samaistavan itsensä *Jahven* kanssa, joka on perimmäinen "Minä olen". Edellä myös havaittiin, että kaksi Jeesuksen tavallisimmista nimistä ja nimityksistä keskittyy hänen jumalallisuuteensa. Hänet esitellään *"Jumalan Poikana"* kaikkialla Uudessa testamentissa, ja kaikissa Uuden testamentin 27 kirjassa kaikuu ilmoitus "Jeesus on *Herra".* Kun nämä neljä ilmausta yhdistetään, voidaan alkaa ymmärtää Pojan täysin jumalallista luontoa.

Logos

Jumalan *logosta*, Jumalan "Sanaa", käsitellään melko yksityiskohtaisesti kirjoissa *Elävä usko* ja *Jumalan kuunteleminen*. Niis-

Pojan tunteminen

sä havaitaan, että *logos* viittaa Jumalan täyteen ilmoitukseen itsestään. Näissä kahdessa tämän *Hengen miekka* -kirjasarja kirjassa selvitetään, että Jumala ilmoittaa itsensä täysin sekä Raamatun (kirjoitetun *logoksensa*) että Poikansa (henkilökohtaisen *logoksensa*) kautta.

Kreikan kielen sana *logos* on yksi Johanneksen evankeliumin omaleimaisimmista sanoista. Vaikka *logoksella* joskus tarkoitetaankin Jeesuksen sanomaa ja toisinaan taas viitataan itse Jeesukseen, se tarkoittaa aina jotakin enemmän kuin vain lausuttuja sanoja. Jakeet Joh. 5:24, 8:31 ja 8:51 esimerkiksi osoittavat, että Jumalan *logos* täytyy kuulla ja ymmärtää oikein, jotta sen syvempi "ilmoitus itsestä" -puoli voidaan todella ymmärtää.

Johanneksen evankeliumi alkaa jakeissa 1:1–18 Pojan "taivaallisella sukuluettelolla", joka tekee selväksi, että täysin inhimillinen Jeesus on myös ikuinen Sana, täydellinen ilmoitus täysin jumalallisesta Jumalasta.

Kirjassa *Elävä usko* havaitaan, kuinka ajatus Jumalan Sanasta pohjautuu tiukasti Vanhaan testamenttiin. Vanhassa testamentissa esimerkiksi paljastetaan, että Jumalan Sana:

◆ on mukana maailman luomisessa ja ylläpitämisessä – 1. Moos. 1; Ps. 33:6–9, 147:15–18 ja 148:8

◆ on täynnä jumalallista voimaa ja arvovaltaa – Ps. 147:15; Jes. 55:11 ja Hoos. 6:5

◆ paljastaa Jumalan ajatukset, huolenaiheet ja tarkoitukset – Ps. 119:9 ja 105; Jer. 20:9 sekä Hes. 33:7

◆ samaistetaan läheisesti Jumalan Viisauden kanssa – Job 28:12–27; Sananl. 8:1–9 ja 12.

Kun Johanneksen evankeliumissa kerrotaan jo heti alussa, että Jeesus on *logos*, siinä samalla julistetaan, että Jeesus oli mukana luomisessa, että Jeesukselle on annettu jumalallinen voima, että hän on Jumalan ilmoitus ja että hänet voidaan samaistaa läheisesti Jumalan viisauden kanssa: ja kaikkia näitä ajatuksia kehitellään sitten myös pidemmälle läpi koko

Täysin jumalallinen Poika

Johanneksen evankeliumin. Johanneksen "johdannossa" esitellään suuri joukko käsitteitä, joita sitten käsitellään laajemmin myöhemmin tuossa evankeliumissa (kuten valo, elämä, totuus, kirkkaus ja maailma), mutta siinä on kolme Jeesusta koskevaa peruskäsitystä, jotka paljastavat perustavanlaatuisia ominaispiirteitä koskien sitä, että Poika on *logos*.

Hänen suhteensa Isään

Jakeet Joh. 1:1-2 mukailevat 1. Mooseksen kirjan jaetta 1:1 ja julistavat, että Poika on ollut olemassa jo ennen kaikkea muuta. Johannes yksinkertaisesti toteaa, että *logos* oli Jumalan luona ja oli Jumala: tämä korostaa Pojan jumalallisuutta hämärtämättä kuitenkaan eroa Pojan henkilökohtaisen olemuksen ja Isän henkilökohtaisen olemuksen välillä.

Jakeet Joh. 1:1-2 paljastavat, että logoksella on Jumalan luonto mutta että *logos* ja Jumala eivät ole keskenään vaihdettavissa olevia termejä. Vaikka Sana onkin Jumala, Jumala on enemmän kuin Sana.

Hän suhteensa maailmaan

Jae Joh. 1:3 puhuu, jakeen Kol. 1:15 tavoin, Pojan suhteesta maailmaan. Tätä aihetta kehitellään läpi koko Johanneksen evankeliumin, ja sitä käsitellään laajemmin kirjassa *Kadotettujen tavoittaminen*. Meidän tulisi ymmärtää, ettei Johannes tee eroa Pojan luovan voiman ja Jumalan luovan voiman välillä, vaan että hän tekee eron Pojan ja luomakunnan välillä. Sanaa ei siis luotu, vaan se on aina ollut olemassa Jumalan luona.

Hänen suhteensa ihmiskuntaan

Jae Joh. 1:14 selvittää, että jumalallinen *logos* tuli lihaksi ja asui ihmisten keskellä. Kirjassa *Pelastus armosta* tämän havaitaan ensinnäkin tarkoittavan, että Jumala "pystytti telttansa" tai "ilmestysmajansa" ihmisyyteen, ja toisekseen olevan suora viittaus Vanhan testamentin pyhäkkötelttaan.

Pojan tunteminen

Tämä osoittaa, että kun Johannes julistaa Pojan olevan ikuinen Sana, tuo toteamus ei mitätöi Jeesuksen ihmisyyttä. Päinvastoin: se asettaa Pojan tiukasti historiaan lihaa ja verta olevana ihmisenä *ja* ilmoittaa hänet jumalallisena hahmona, joka on jatkuvassa ja ikuisessa yhteydessä Jumalan kanssa.

"Minä olen"

Johanneksen evankeliumissa käytetään persoonapronominia "minä" paljon useammin kuin missään muualla Raamatussa: tämä korostaa entisestään Jeesuksen ja hänen sanojensa tärkeyttä ja arvovaltaa.

Johannes käyttää kreikan kielen sanaa *ego*, "minä", 134 kertaa (kun se sitä vastoin esiintyy Matteuksen, Markuksen ja Luukkaan evankeliumeissa 29, 17 ja 23 kertaa) kääntääkseen huomion Poikaan – ja valmistaakseen meitä painokasta persoonapronominia *ego eimi*, "minä olen", varten, jota hän tuntuu käyttävän painottaakseen Pojan täydellistä jumalallisuutta.

Jeesuksen "minä olen" -puheet ovat tärkeitä, koska kyseistä ilmausta käytetään Vanhassa testamentissa Jumalan henkilökohtaisena nimenä.

Kirjassa *Isän tunteminen* havaitaan, että Jumala esittelee itsensä Moosekselle (2. Moos. 3:14) nimellä *Jahve*, "minä olen se joka olen".

Tämän vuoksi painollisella persoonapronominilla "minä olen" oli erityinen jumalallinen merkitys juutalaisille. Johannes kertoo seitsemästä tilanteesta, joissa Jeesus käyttää itsestään nimitystä *ego eimi*, "minä olen":

- ◆ minä olen elämän leipä – 6:35
- ◆ minä olen maailman valo – 8:12
- ◆ minä olen lampaiden portti – 10:7
- ◆ minä olen hyvä paimen, oikea paimen, joka panee henkensä alttiiksi lampaiden puolesta – 10:11
- ◆ minä olen ylösnousemus ja elämä – 11:25

Täysin jumalallinen Poika

- minä olen tie, totuus ja elämä – 14:6
- minä olen tosi viinipuu – 15:1.

Kaikissa näissä tapauksissa "minä olen" -ilmaus paljastaa jonkin eri Jeesuksen jumalallisen tehtävän – ylläpitämisen, valaisemisen, hyväksymisen, uhrautuvasti huolehtimisen, uuden elämän antamisen, ohjaamisen ja tuottoisaksi tekemisen. Nämä ovat hämmästyttäviä väitteitä, jotka kaikki esitellään ensimmäisen kerran jo Johanneksen evankeliumin johdannossa. Näillä seitsemällä ilmauksella Jeesus tekee henkilökohtaiseksi sen, mikä on johdannossa julistettu teoriassa. Hän ilmoittaa olevansa jumalallinen ruumiillistuma kaikesta siitä, mitä ihmiset etsivät.

Jotkut hengelliset johtajat väittävät, että "minä olen" -ilmaukset ovat vain painokas tapa määrittää itsensä, kun taas toiset sanovat, että ne ovat ainoastaan rinnakkaisilmauksia sille, kuinka Jeesus käyttää ilmausta "Jumalan valtakunta on kuin". Jakeet Joh. 6:20, 8:24, 8:58, 13:19 ja 18:5 kuitenkin tuntuvat kumoavan nämä käsitykset.

Johanneksen evankeliumin jakeissa 8:57–58 Jeesukselta kysyttiin, oliko hän nähnyt Abrahamia. Kysyjät pitivät Jeesuksen vastausta jumalanpilkkana ja poimivat kiviä käsiinsä tappaakseen hänet. He ymmärsivät, että hän väitti vastauksellaan olevansa kohtien 2. Moos. 3:14; 5. Moos. 32:39 sekä Jes. 43:10 ja 46:4 jumalallinen "minä olen". Ihmisten reaktio Johanneksen evankeliumin jakeissa 18:5–6 korostaa myös omalta osaltaan sitä, kuinka suuri jumalallinen merkitys sillä oli, että Jeesus jälleen kerran väitti olevansa suuri "minä olen".

Sen, millä painokkuudella ja kuinka ehdottomasti Jeesus käyttää ilmausta *ego eimi* jakeissa Joh. 8:24, 8:58 ja 13:19, täytyy muokata sitä, kuinka ymmärrämme hänen seitsemän "minä olen" -ilmaustaan. Voidaankin sanoa, että kyseiset ilmaukset tuovat julki yksinomaan jumalallisia ominaisuuksia ja tehtäviä ja että ne paljastavat ehdottoman tärkeitä puolia Pojan jumalallisesta luonnosta.

Pojan tunteminen

Herra

Kreikan kielen sanaa *kurios*, "herra", käytettiin monella eri tapaa Uuden testamentin aikaisessa maailmassa. Se esimerkiksi ilmaisi yleistä kunnioitusta, oli jonkin ylemmän henkilön arvonimi ja sitä myös käytettiin, kun puhuteltiin Rooman keisaria tai jotakin pakanajumalaa.

Juutalaisille sanalla *kurios* oli kuitenkin erityinen merkitys, sillä se oli kreikankielinen vastine heprean kielen sanalle *Adonai* – joka oli yksi Jumalan "juuritason" nimistä ja jota käytettiin tavallisesti nimen *Jahve* sijasta.

Tämä laaja käyttötapa näkyy myös Uudessa testamentissa: joskus "herra" on vain inhimillinen kunnioitusta osoittava nimike (kuin englannin "sir"), mutta yleisemmin se on jumalallinen arvonimi, joka korostaa Pojan jumalallista luontoa *Adonaina*.

Ylösnoussut Herra

Useimmat seurakuntien johtajat ovat kautta aikojen uskoneet, että Jeesus tunnustettiin *ho kuriosiksi*, "Herraksi", vasta ylösnousemuksensa jälkeen (ja sen tähden). Tämä on kaikista selvintä Markuksen evankeliumissa, jossa ainoa henkilö, joka ennen ylösnousemusta kutsuu Jeesusta nimellä *kurios*, on Syyrian foinikialainen nainen, joka käyttää kyseistä ilmausta jakeessa Mark. 7:28, koska hän on vieraalle juutalaiselle miehelle puhuva pakananainen.

Muualla Markuksen evankeliumissa Markus ei käytä sanaa *kurios* edes niissä tilanteissa, joissa muiden evankeliumien kirjoittajat sitä käyttävät – esimerkiksi kohdissa Matt. 8:2 ja Mark. 1:40; Matt. 8:25 ja Mark. 4:39; Matt. 26:22 ja Mark. 14:19. Tämän vaikenemisen vastakohtana Markuksen evankeliumin jakeissa 16:19–20 kuitenkin yhtäkkiä paljastetaan, että ylösnoussut Poika on nyt "Herra".

Tämä yhteys "Herran" ja ylösnousemuksen välillä toistuu Luukkaan evankeliumin jakeessa 24:34, joka vaikuttaa olevan Luukkaan selitys sille, miksi hän käyttää kyseistä sanaa niin usein kaikkialla evankeliumissaan – esimerkiksi kohdissa 7:13,

Täysin jumalallinen Poika

10:1 ja 39, 11:39, 12:42, 13:15, 17:5-6, 18:6, 19:8, 22:61 sekä 24:34.

Luukas valmistaa tietä Jeesuksen jumalalliselle "herruudelle" sillä, miten hän kertoo Jeesuksen syntymästä. Noiden tapahtumien yhteydessä hän nimittäin kutsuu Jumalaa toistuvasti Herraksi – jakeissa 1:9, 11, 15, 25, 32, 38, 45, 46, 58, 66, 68, 76 sekä 2:9, 22, 23, 24, 29 ja 39. Voidaankin sanoa, että jos Herra merkitsee Jumalaa Luukkaan evankeliumin alussa, se varmasti tarkoittaa Jumalaa myös muualla Luukkaan evankeliumissa, kun Luukas käyttää sitä Pojasta.

Tämän vuoksi voidaan sanoa, että siihen, kun enkeli kutsuu Jeesusta Vapahtajaksi Luukkaan evankeliumin jakeessa 2:11, liittyy myös ajatus jumalallisesta herruudesta. Tästä voidaankin päätellä, että "Kristus, Herra" on juuri se raamatullinen ilmaus, johon kaikkein parhaiten kiteytyy sekä Pojan täydellinen ihmisyys että hänen täydellinen jumalallisuutensa.

Johanneksen evankeliumissakin noudatetaan tätä tavanomaista kaavaa tunnistaa Jeesus "Herraksi" pääosin vasta Jeesuksen ylösnousemuksen jälkeen. Nimitystä *ho kurios* käytetään ensimmäisissä 19 luvussa vain kolme kertaa, mutta yhtäkkiä luvuissa 20 ja 21 se onkin yleisin Pojasta käytetty nimitys. Huomionarvoisin seikka on, että se liitetään selkeästi Jumalaan jakeessa Joh. 20:28, jossa Tuomas tunnustaa uskonsa ja joka vaikuttaa olevan tuon evankeliumin dramaattinen ja kirjallinen huipentuma.

Apostolien teoissa opetuslapset kutsuvat ylösnoussutta Poikaa sekä "Herraksi" – kuten jakeissa Ap. t. 1:6 ja 24, 4:29, 9:5, 10:4 ja 14 sekä 22:8 ja 19 – että nimellä "Herra Jeesus" tai "Herra Jeesus Kristus" – kuten jakeissa Ap. t. 1:21, 4:33, 7:59, 8:16, 11:17 ja 20, 15:11 ja 26, 20:21, 24 ja 35 sekä 28:31. Nämä jakeet osoittavat, että ensimmäiset kristityt olivat vakuuttuneita siitä, että ylösnousemus oli todiste Jeesuksen jumalallisuudesta.

Seurakunnan kaikkien aikojen ensimmäisen saarnan huipentuma löytyy Apostolien tekojen jakeesta 2:36, jossa Pietari julistaa: "Jumala on tehnyt Jeesuksen Herraksi ja Messiaaksi – tämän Jeesuksen, jonka te ristiinnaulitsitte."

Pojan tunteminen

Pietarin sanat jakeissa 2:20-21 ja 34-35 osoittavat, että tämä ilmoitus Jeesuksen jumalallisesta herruudesta pohjautui tiukasti sanan "Herra" vanhatestamentilliselle merkitykselle "jumalallinen".

Se että Pietari yhdistää ensimmäisessä evankelioivassa saarnassaan Jeesuksen *jumalallisen herruuden* ja hänen *inhimillisen messiaanisuutensa*, on ehdottoman tärkeää sen kannalta, mitä meidän tulee tietää Pojasta, kuinka me voimme tuntea Pojan ja kuinka meidän tulee julistaa Poikaa. Voidaankin itse asiassa sanoa, että Jeesuksen tunteminen "Herrana ja Kristuksena" on avain siihen, että voimme tuntea Pojan ainutlaatuisen kaksinaisen luonnon aivan täysin.

Joissakin muissa Apostolien tekojen kohdissa, kuten jakeissa 9:4-17 ja 10:36, tehdään selväksi, että Jeesuksen herruus tarkoittaa ehdotonta jumalallista arvovaltaa ja itsevaltiutta – hän on joko "kaiken Herra" tai "ei Herra lainkaan".

Alkuseurakunta

Kaikki Paavalin kirjeet julistavat, että "Jeesus on Herra", ja jakeen Room. 10:9 kaltaiset kohdat osoittavat, että tällä viitataan ennen kaikkea hänen ylösnousemukseensa. Poika on "kaiken Herra", koska hän on voittanut kuoleman ja koska Jumala on nostanut hänet tähän korotettuun asemaan kaiken yläpuolelle.

Yksinkertaisesti sanottuna ylösnousemus ja herruus ovat täysin toisistaan erottamattomia käsitteitä, sillä juuri ylösnousemususkon pohjalta me voimme tunnustaa Kristuksen herruuden.

Paavali julistaa Jeesuksen olevan Herra esimerkiksi jakeissa Room. 10:12; 1. Kor. 12:3 ja Fil. 2:11. Näissä kohdissa yhdistyvät kristittyjen senhetkinen tietoisuus Jeesuksen herruudesta ja tuleva yleismaallinen tietoisuus siitä, että Jeesus todella on Herra.

Jakeessa 2. Kor. 4:5 Paavali paljastaa, että Pojan herruus on hänen evankelioivan julistuksensa ydin. Tästä voidaan päätellä, että mikä tahansa nykyajan julistus, joka ei julista Jeesuksen

Täysin jumalallinen Poika

ehdotonta arvovaltaa ja täyttä itsevaltiutta, ei ole linjassa sen kanssa, mitä Raamattu ilmoittaa Pojasta.

Lähes kaikissa Uuden testamentin kirjoissa painotetaan, että Jeesus on Herra – esimerkiksi kohdissa Room. 4:24; 1. Kor. 6:14; 2. Kor. 1:14; Gal. 6:14; Ef. 6:23–24; Fil. 2:11; Kol. 2:6; 1. Tess. 5:9; 2. Tess. 1:8; 1. Tim. 1:1–2; 2. Tim. 1:2; Tit. 1:4; Filem. 1:3; Hepr. 13:20; Jaak. 1:1; 1. Piet. 1:3; 2. Piet. 3:18; 2. Joh. 1:3; Juud. 1:17 ja Ilm. 11:8.

Jos tehdään yhteenveto siitä tavasta, jolla Jeesuksen herruus esitellään Uudessa testamentissa, voidaan sanoa, että tätä nimenomaista nimitystä käytetään:

◆ painottamaan Pojan ylösnousemusta ja merkkinä siitä, että hän on voittanut kuoleman

◆ antamaan ymmärtää, että Poika on täysin jumalallinen ja että hän täyttää samat tehtävät kuin Jumala

◆ korostamaan Pojan ehdotonta arvovaltaa ja täyttä itsevaltiutta yli kaiken, mikä liittyy elämään ja uskoon.

Jumalan Poika

Neljäs Jeesuksen pääasiallisista uusitestamentillisista nimityksistä viittaa hänen täydelliseen jumalallisuuteensa täysin selvällä tavalla: hän on "Jumalan Poika". Tästä voidaan päätellä, että jos haluamme tuntea Pojan yhtään tarkasti, meidän täytyy tuntea hänet sellaisena kuin hän on ainutlaatuisessa suhteessaan Isän kanssa.

Kuten jokainen raamatullinen ilmoitus, meidän tulisi pyrkiä ymmärtämään myös käsite "Jumalan Poika" raamatullisessa asiayhteydessään. Vanha testamentti valmistaa tietä tälle nimelle käyttämällä ajatusta pojan asemasta tai lapseudesta useilla eri tavoilla. Esimerkiksi:

◆ enkeleitä nimitetään Jumalan pojiksi, mikä on merkki niiden hengellisestä luonnosta – 1. Moos. 6:1–4; Job 1:6 ja 2:1

◆ Adamia kutsutaan Jumalan pojaksi, ja taaskin tällä

Pojan tunteminen

halutaan ilmaista hänen hengellistä luontoaan – Luuk. 3:38

◆ israelilaisia yhdessä kutsuttiin Jumalan lapsiksi, ja tällä tehtiin ero heidän ja heidän ympärillään olevien kansojen välillä – 5. Moos. 14:1–2; Jer. 3:19–20 ja Hoos. 1:10

◆ Israelia kokonaisuutena kutsuttiin nimellä "poikani", ja näin ilmoitettiin, millainen ainutlaatuinen isä–poika-suhde tuolla kansalla oli Jumalan kanssa – Hoos. 11:1

◆ Israelin voideltu kuningas oli jollakin erityisellä tavalla Jumalan erityinen poika – 2. Sam. 7:14 ja Ps. 2:7.

Tähän Uutta testamenttia edeltävään käyttötapaan vedoten jotkut ovat väittäneet, ettei Jeesus alun perin käyttänyt nimitystä "Jumalan Poika" tavalla, jolla kristityt tuon nimityksen ymmärtävät. Mutta kuten jäljempänä havaitaan, tuo nimike todellakin vaikuttaisi viittaavan Jeesuksen ainutlaatuisuuteen ja siihen seikkaan, että hän on ihmiseksi tullut Jumala.

On huomionarvoista, että kolminaisuuden ensimmäisen ja toisen persoonan välisen suhteen ilmoitetaan olevan Isä–Poika-suhde. Kuten osassa 7 havaitaan, tällä korostetaan:

◆ sitä, että Isällä ja Pojalla on sama luonto

◆ Isän ensisijaisuutta

◆ Pojan antautumista Isän tahtoon

◆ Isän ja Pojan välistä yhteyttä

◆ Pojan riippuvuutta Isästä.

Isän suhdetta Poikaan käsitellään kirjassa *Isän tunteminen*. Siinä havaitaan, että Uudessa testamentissa Jeesuksen kerrotaan kutsuneen Jumalaa "Isäksi", "minun Isäkseni", "minun taivaalliseksi Isäkseni", "teidän taivaalliseksi Isäksenne" ja "Abba Isäksi" yli 50 kertaa.

Kirjassa *Isän tunteminen* myös selvitetään, että Jeesuksella oli ainutlaatuinen suhde Isän kanssa, ja että ilmausten Jumala on

Täysin jumalallinen Poika

"Jeesuksen Isä" ja Jumala on "opetuslasten Isä" välillä on tärkeä ero – tämä havaitaan selvimmin Johanneksen evankeliumin jakeessa 20:28, mutta se voidaan havaita myös kohdissa, joissa painotetaan sitä, että Jeesus on Jumalan "ainoa" Poika.

Pojan suhdetta Isään käsitellään yksityiskohtaisesti osassa 7, mutta tässä kohtaa on jo syytä huomioida, kuinka kohtien Matt. 11:25–30; Mark. 1:11, 9:2–7, 12:1–12 ja 35–37, 13:32; Luuk. 10:21–24 sekä 22:29 kaltaiset jakeet paljastavat joitakin perusseikkoja Jeesuksen jumalallisesta Pojan asemasta.

Johanneksen kirjoitukset

Johanneksen evankeliumin jakeessa 20:31 ilmoitetaan, että tuon evankeliumin erityinen tarkoitus on auttaa lukijoita uskomaan, että Jeesus on Jumalan Poika. Ei pitäisikään siis olla yllättävää, että tuossa evankeliumissa painotetaan juuri tätä nimeä ja Jeesuksen luonnon jumalallisia puolia.

Vaikka nimitys "Jumala Poika" esiintyykin Johanneksen evankeliumissa vain 10 kertaa, Jeesus puhuu Jumalasta "Isänä" yli 100 kertaa. Jeesuksen tietoisuus omasta jumalallisesta Pojan asemastaan on hallitseva seikka Johanneksen evankeliumissa, ja jokainen luku tarjoaa vähintään yhden silmäyksen siihen, mitä tarkoittaa olla ainutlaatuinen Jumalan Poika.

Johanneksen evankeliumissa on neljä kohtaa, joissa Jeesusta kutsutaan "ainoaksi" Pojaksi (kohdissa Joh. 1:14–18 ja 3:16–18). Tämä todistaa, ettei Jeesuksen lapseus ole samanlaista kuin meidän lapseutemme. Jae Joh. 1:12 osoittaa, että meille kyllä saatetaan antaa voima tulla Jumalan lapsiksi, mutta Jeesus ei tarvitse tätä, sillä hän on aivan erilainen Poika.

Johannes painottaa tätä käyttämällä kreikan kielen sanaa *huios* – joka tarkoittaa "poika" – ainoastaan Jeesuksesta, mutta kuvaamalla kaikkien muiden uskovien ihmisten suhdetta Jumalaan yleisemmällä nimityksellä *tekna* – "lapset".

Kohdissa Matt. 4:3–6 sekä Luuk. 4:3–9 ja 41 kerrotaan se tosiseikka, että saatana ja riivaajat tunnustivat Jeesuksen Jumalan Pojaksi, mutta Johannes kertoo lisäksi kolmesta

Pojan tunteminen

tapauksesta, joissa ihmiset tunnistivat Jeesuksen jumalallisen Pojan aseman – jakeissa 1:34, 1:49 ja 11:27 – sekä kolme esimerkkiä, joissa Jeesus itse sanoo olevansa Jumalan Poika – 10:36–37, 11:4 ja 19:7.

Vaikka Johanneksen opetuksia Jeesuksen jumalallisesta Pojan asemasta käsitelläänkin yksityiskohtaisemmin osassa 7, on syytä huomioida, että Johanneksen evankeliumissa tuodaan esiin useita tärkeitä ominaispiirteitä, jotka liittyvät siihen, että Jeesus on Jumalan Poika:

♦ Poika on Isän lähettämä ja Isän luota lähetetty – 3:34, 5:36–38, 7:29, 11:42 ja 17:4–5

♦ Isä rakastaa Poikaa – 3:35, 5:20, 10:17 ja 17:23–24

♦ Poika antautuu Isän tahtoon ja on riippuvainen Isästä – 5:19 ja 30, 14:28–31 sekä 15:10

♦ Poika on täydellisesti yhtä Isän kanssa – 5:19–23, 10:30, 14:11 ja 20 sekä 17:11

♦ Poika rukoilee Isää – 11:41, 12:28 sekä 17:1, 5, 11, 21, 24 ja 25

♦ Poika on ainoa ilmoitus Isästä – 6:46, 8:19, 10:15 ja 14:8–9

♦ Poika puhuu Isän sanoja – 10:18, 12:49–50, 14:24, 15:15 ja 16:25

♦ Poika on saanut kaiken Isältä – 8:16, 13:3, 16:15 ja 18:11

♦ Poika palaa Isän luo – 14:12 ja 28, 16:10, 16 ja 28 sekä 20:17.

Jeesus "Jumalan Poikana" on hallitseva teema myös 1. Johanneksen kirjeessä, ja se on yksi tärkeimmistä syistä sille, miksi voimme olla varmoja siitä, että tuo kirje on saman henkilön kirjoittama kuin Johanneksen evankeliumikin. Ensimmäinen Johanneksen kirje osoittaa, että usko Jeesukseen Jumalan Poikana tulisi olla uskovan päätunnustus – tämä havaitaan esimerkiksi jakeissa 2:22–23, 3:23, 4:15, 5:5 ja 5:10–13. Muita

Täysin jumalallinen Poika

Jeesuksen Pojan aseman puolia painotetaan jakeissa 1. Joh. 1:7, 3:8, 4:9–10 ja 14 sekä 5:9–11 ja 20.

Ainutlaatuinen Poika
Kun Johanneksen kirjoituksista tarkastellaan, mitä Jeesuksesta sanotaan Jumalan Poikana, on tärkeää katsoa ilmausta *monogenes huios* – Joh. 1:14 ja 18, 3:16 ja 18 sekä 1. Joh. 4:9 – joka on käännetty yleensä ilmauksilla "ainoa Poika", "ainokainen Poika" tai "ainutsyntyinen Poika".
Selvitettävä kysymys on, pitäisikö *monogenes* kääntää sanalla "ainutsyntyinen" vai sanalla "ainoa/ainokainen". Sana itse antaa tästä vihjeen, sillä se on yhdistelmä kahdesta kreikan kielen sanasta: sanoista *monos*, joka tarkoittaa "ainoa" tai "yksin", ja *genos*, joka tarkoittaa "samaa luontoa oleva, samanlainen, samankaltainen tai samaa lajia oleva". Ne, jotka vastustavat "ainutsyntyinen"-käännöstä, ajattelevat, että kyseinen sana syntyi siitä, kun sanan *monogenes* jälkimmäisen osan juuren ajateltiin olevan sana *gennao* – mikä tarkoittaa "synnyttää" –, vaikka todellisuudessa tuon osan juuri on sana *genos*, "samanlainen".
Tästä voidaan päätellä, että hyvä käännös sanalle *monogenes* olisi "ainoa laatuaan". Kun siis kyseistä termiä käytetään Jeesuksen suhteesta Isään, se ei viittaa Jeesuksen syntyperään Isästä "syntyneenä", vaan pikemminkin hänen ainutlaatuiseen asemaansa Jumalan Poikana, joka on "ainoa laatuaan".
Tämä sopii myös yhteen sanan *monogenes* käytön kanssa Heprealaiskirjeen jakeessa 11:17, jossa kyseistä sanaa käytetään Iisakin suhteesta isäänsä Abrahamiin. Abrahamilla oli useita poikia, joten Iisak ei voinut olla Abrahamin "ainutsyntyinen" poika. Iisak oli kuitenkin – lupauksen lapsena – varmuudella Abrahamin ainutkertainen ja "ainoa laatuaan oleva" poika.
Tämä tapa ymmärtää sana *monogenes* saa vahvistuksensa siitä, kuinka kyseistä sanaa käytetään muualla Uudessa testamentissa. Luukas esimerkiksi käyttää sitä Nainissa elävän lesken "ainoasta pojasta" (Luuk. 7:12), Jairoksen "ainoasta

Pojan tunteminen

lapsesta, noin kaksitoistavuotiaasta tyttärestä" (Luuk. 8:42) sekä demonin riivaaman pojan isän "pojasta, ainoasta lapsesta" (Luuk. 9:38). Näiden kertomusten painotus ei ole siinä, että nämä lapset olivat "syntyneet" isästään tai äidistään, vaan siinä, että kyseisillä vanhemmilla oli vain yksi lapsi – mikä teki vanhempien tarpeesta entistä akuutimman.

Tämän perusteella voidaan ymmärtää, ettei sanan *monogenes* käyttö Johanneksen evankeliumissa ilmaise, että Jeesus on syntynyt Isästä (mikä viittaisi jonkinlaiseen syntymiseen tai eri sukupolveen), vaan että se sitä vastoin viittaa hänen ainutlaatuisuuteensa Jumalan yhtenä ja ainoana Poikana. Tämä ei sulje pois käsitystä syntymisestä – se vain tarkoittaa, ettemme voi perustaa sitä näille raamatunkohdille.

Mutta mitä meidän sitten tulisi ajatella opetuksesta, jonka mukaan Jeesus oli ikuisesti syntynyt Isästä? Tämähän on ollut Nikean ensimmäisestä kirkolliskokouksesta vuonna 325 lähtien kirkon historiallinen kanta. Tämä oppi Pojan ikuisesta syntymästä Isästä toteaa, että vaikka Jeesus on olemukseltaan tasavertainen Isän kanssa, persoonaltaan hän on ikuisesti synnytetty ja lähtöisin Isästä. Olemukseltaan hän on siis olemassa riippumattomasti Isästä, mutta persoonaltaan hän on ikuisesti peräisin Isästä. Juuri tässä mielessä hän on Jumalan ikuisesti ainutsyntyinen Poika.

Oppi Pojan ikuisesta syntymästä on teologisesti hyödyllinen ilmaisemaan Isän ja Pojan välistä suhdetta: mutta, kuten edellä havaittiin, tätä "syntymisen" terminologiaa ei voida soveltaa näihin viiteen Johanneksen kirjoittamaan kohtaan.

(Tämä ei tarkoita, etteikö sana "ainutsyntyinen" esiintyisi Raamatussa. Sellaisissa jakeissa kuin Ap. t. 13:33, Hepr. 1:5 ja 5:5 kaikissa käytetään sanaa *gennao* viitattaessa Psalmin 2 jakeeseen 7 – "tänä päivänä minä sinut *synnytin*". Psalmi 2 on itse asiassa Israelin kuninkaan virkaanastujaispsalmi, jossa viitataan hänen kuninkuutensa viralliseen julistamiseen. Viittaus tähän kuninkaalliseen psalmiin tekee selväksi, ettei sana "synnyttää" viittaa näissä Uuden testamentin kohdissa Kristuksen ihmeelliseen sikiämiseen Pyhästä Hengestä vaan

Täysin jumalallinen Poika

hänen ylösnousemukseensa ja korottamiseensa. Tämän vuoksi joissakin raamatunkäännöksissä näissä jakeissa sanotaankin vertauskuvallisesti "tänään minusta on tullut isäsi". Kuten Roomalaiskirjeen jae 1:4 – jota käsitellään seuraavaksi – nämä jakeet viittaavat siihen, että ylösnousemuksessa Isä ilmoitti julkisesti Kristuksen, todellisen kuninkaan, Pojan aseman.)

Paavalin opetukset

Apostolien tekojen jakeessa 9:20 kerrotaan, että apostoli Paavalin ensimmäiset saarnat julistivat sitä ehdottoman tärkeää totuutta, että Jeesus oli sekä "Kristus" että "Jumalan Poika" – että hän oli sekä inhimillinen että jumalallinen. Lisäksi Roomalaiskirjeen jakeissa 1:1–4 esitellään ajatus Jeesuksesta "Jumalan Poikana", mikä on perusolettamus sen taustalla, miten Paavali esittelee Jeesuksen.

Jotkut hengelliset johtajat ovat ehdottaneet jakeen Room. 1:4 tarkoittavan, ettei Jeesus ollut Jumalan Poika ennen ylösnousemustaan. Tämä ei kuitenkaan ole totta. Kyseinen jae Room. 1:4 sen sijaan osoittaa, että ylösnousemus paljasti julkisesti sen, mikä oli jo ennestään olemassa oleva tosiseikka.

Voidaan sanoa, että opetuslapset ymmärsivät ylösnousemuksen jälkeen paljon paremmin, mitä tarkoitti, että Jeesus oli Jumalan Poika – aivan kuten he ymmärsivät nimityksen "Herrakin" paljon paremmin vasta sitten –, mutta tämä ei missään tapauksessa tarkoita sitä, että Jeesuksesta olisi tullut Jumalan Poika vasta ylösnousemuksen seurauksena.

Tulisi olla selvää, että Jeesuksen lapseus on kolmiyhteisen Jumalan sisäinen perustavanlaatuinen, ikuinen suhde, minkä vuoksi ihmiseksitulo tai taivaaseenastuminen eivät kumpikaan muuttaneet sitä olennaisesti. Kolmiyhteisen Jumalan kolmen persoonan välisiä suhteita käsitellään hieman tarkemmin kirjassa *Isän tunteminen*.

Paavali kutsuu Jeesusta "Jumalan Pojaksi" ainoastaan kohdissa 2. Kor. 1:19; Gal. 2:20 ja Ef. 4:13. Tavallisemmin hän kutsuu Jeesusta "hänen Pojakseen" – esimerkiksi kohdissa Room. 1:9, 8:29; 1. Kor. 1:9; Gal. 4:6 ja Kol. 1:13.

Pojan tunteminen

Paavalin ajattelussa Jeesuksen jumalallinen Pojan asema kytkeytyy täysin Jeesuksen tehtävään: joten esimerkiksi kohdissa Room. 8:3 ja Gal. 4:4–5 hän kertoo, että Jumala lähetti Poikansa syntiseen maailmaan nimenomaan pelastamaan ihmiskunnan. Tätä tarkastellaan laajemmin osassa 5.

Paavali myös painottaa Jeesuksen Pojan aseman käytännöllisiä vaikutuksia uskoville. Kohdissa Room. 8:15 ja Gal. 3:26–4:7 hän esimerkiksi kuvailee asemaamme Jumalan lapsina ja osoittaa, minkä seurauksena tämä asema on syntynyt.

Nämä jakeet antavat arvokasta tietoa Isän ja Pojan välisestä läheisestä suhteesta. Lisäksi ne antavat ymmärtää, että tämä suhde on myös malli Jumalan ja meidän väliselle suhteelle.

Jeesus on Jumala
Edellä havaittiin, että Uusi testamentti paljastaa Jeesuksen jumalallisuuden kutsumalla häntä "Jumalan Sanaksi", kertomalla useista "minä olen" -puheista, joissa Jeesus tuntuu samaistavan itsensä *Jahven* kanssa, ja esittelemällä hänet "kaiken Herrana" ja "Jumalan Poikana".

On kuitenkin muutamia tärkeitä raamatunkohtia, jotka menevät vielä tätäkin pidemmälle ja jotka julistavat täysin suorasukaisella tavalla, että Jeesus on Jumala. Esimerkiksi:

Johanneksen evankeliumi alkaa ja päättyy selkeillä toteamuksilla Jeesuksen jumalallisesta luonnosta. Jakeessa Joh. 1:1 vakuutetaan, ettei *logos* ainoastaan ollut Jumalan luona vaan että hän myös oli Jumala – ja tätä korostetaan vielä jakeessa 1:18. Jae 20:28 taas on tuon evankeliumin upea uskon huipentuma – Jeesus todellakin on sekä "Herra" että "Jumala".

Roomalaiskirjeen jae 9:5 on Paavalin painokkain toteamus Jeesuksen jumalallisuudesta (vaikka se joissakin muunkielisissä raamatunkäännöksissä onkin esitetty hieman epätarkasti). Kyseisessä jakeessa viitataan Jeesukseen, Kristukseen, "*joka on kaiken yläpuolella, ikuisesti ylistetty Jumala*".

Jae Tit. 2:3 on samalla tapaa ehdoton. Paavali viittaa siinä selkeästi "suureen Jumalaan ja Vapahtajaamme Jeesukseen

Täysin jumalallinen Poika

Kristukseen". Vaikka kyseinen ilmaus on suomen kielessä kaksiselitteinen, alkuperäinen muotoilu paljastaa, että Paavali viittaa tässä selkeästi vain Jeesukseen Kristukseen, joka on suuri Jumala ja Vapahtajamme. Tästä todistaa myös se, että hän on käyttänyt samaa ilmausta "Jumala, meidän vapahtajamme" myös jakeessa Tit. 1:3 (v. 1938 käännös).

Heprealaiskirjeen jakeessa 1:8 lainataan Psalmin 45 jaetta 6 ja sovelletaan sitä tavalla, joka osoittaa, että Poikaa kutsutaan Jumalaksi. Mitä kyseisellä psalmilla alun perin sitten tarkoitettiinkaan, Heprealaiskirjeen kirjoittaja koki innoitusta käyttää sitä kutsuakseen Poikaa Jumalaksi.

Myös jae 2. Piet. 1:1 julistaa yksinkertaisella tavalla, että Jeesus Kristus on sekä Jumala että Vapahtaja.

Nämä jakeet osoittavat alkuseurakunnan tienneen, että täysin inhimillinen Jeesus oli myös täysin jumalallinen. Tämä uskomus nähdään käytäntöön laitettuna jakeissa, joissa yleensä Jumalalle kohdistettu ylistys onkin kohdistettu Kristukselle – esimerkiksi kohdissa Matt. 28:9 (vrt. v. 1938 käännös); 2. Tim. 4:18; 2. Piet. 3:18; Ilm. 1:5–6, 5:13 ja 7:10 –, jakeissa, joissa kerrotaan Jeesukselle kohdistetuista rukouksista – esimerkiksi kohdissa Ap. t. 7:59–60; 1. Kor. 16:22 ja 2. Kor. 12:8 – sekä siunauksen sanoissa, joissa Jeesuksen nimi yhdistetään Jumalan nimeen – esimerkiksi kohdissa 1. Tess. 3:11–12 sekä 2. Tess. 3:5 ja 16.

Tämä raamatullinen todistusaineisto kumoaa väitteen, jonka mukaan käsite "Jeesus on Jumala" olisi vasta myöhempien, jopa vasta 300-luvun, kristittyjen kehittämä väite. On totta, että kiisteltyjen uskontunnustusten – kuten Nikeassa vuonna 325 muotoillun pohjalta – on puettu sanoiksi sellaisia ajatuksia, kuin "Jeesus on 'Jumala Jumalasta' tai 'yhtä kokonaisuutta Isän kanssa'", mutta kuten edellä havaittiin, nämä ajatukset löytyvät muutenkin jo Uudesta testamentista itsestäänkin.

Täysin inhimillinen, täysin jumalallinen

Tämän kirjan kahdessa ensimmäisessä osassa on havaittu, että Uusi testamentti esittelee suoranaisen paradoksin. Siellä

Pojan tunteminen

ilmoitetaan, että Jeesus Nasaretilainen oli aito ihminen, joka väitti olevansa, ja joka oli, *Adonai Jahve*, Herra Jumala. Lisäksi siellä paljastetaan, että hän oli samanaikaisesti sekä ylimaallinen, ennen kaikkea muuta olemassa ollut jumalallinen hahmo, joka tuli pelastamaan ihmiskunnan, että täydellinen, synnitön ihminen, joka näytti ihmisille, kuinka heidän tulisi elää.

Uudessa testamentissa ei kuitenkaan selitetä, kuinka Jeesus voi olla sekä Jumala että Jumalasta erillinen olento, tai kuinka hän pystyi tulemaan ihmiseksi muuttamatta kuitenkaan jumalallisuuttaan niin, ettei hän enää olisi ollut aidosti jumalallinen, tai kuinka nämä hänen luontonsa kaksi puolta voivat olla olemassa hänessä. Siellä ainoastaan yksinkertaisesti todetaan Jeesuksen kaksinainen luonto ja jätetään kaikki muu uskon varaan.

Ihmiset ovat läpi seurakunnan olemassaolon kokeneet vaikeana ymmärtää tätä paradoksia kahdesta luonnosta yhdessä persoonassa. Tämän seurauksena jotkut ovat pyrkineet keskittymään täysin jumalallisen Pojan tuntemiseen, toisille taas on ollut helpompi keskittyä täysin inhimilliseen Poikaan ja kolmannet taas ovat pyrkineet yksinkertaistamaan tätä paradoksia. Tämä on kuitenkin johtanut epäraamatullisiin käsityksiin, kuten:

- ◆ doketismiin – Jeesuksen ihmisyyden todellisuuden kieltämiseen

- ◆ apollinarismiin – Jeesuksen ihmisyyden typistämiseen niin, että jumalallinen logos otti Jeesuksen inhimillisen hengen paikan, mistä syystä Jeesusta ei voida pitää täysin inhimillisenä – vain hänen ruumiinsa oli siis inhimillinen

- ◆ arianismiin – jonka mukaan Kristus, vaikka onkin ensimmäinen ja korkein kaikista Jumalan luoduista, on itsekin luotu olento, ja vain Isä Jumala on ikuinen

- ◆ ebionismiin – jonka mukaan Jeesus ei ollut olemassa ennen kaikkea muuta vaan täysin Joosefin ja Marian

Täysin jumalallinen Poika

poika, joka vain sai Hengen kasteessaan. Tämä muistuttaa adoptianismia, jonka mukaan Jeesus syntyi tavallisena ihmisenä mutta korotettiin jumalalliseen Pojan asemaan todennäköisesti kasteessaan, adoption kautta

- nestorianismiin – jonka mukaan Jeesus oli todellisuudessa kaksi erillistä persoonaa: ihmis-Jeesus ja jumalallinen Jumalan Poika

- eutykianismiin – jonka mukaan Jeesuksen jumalallinen luonto nieli hänen inhimillisen luontonsa, minkä seurauksena syntyi uusi kolmas risteymäluonto

- kenotismiin – jonka mukaan Poika tyhjensi itsensä jumalallisuudesta tullakseen ihmiseksi.

Ihmiset, jotka omaksuvat jonkin edellä mainituista lähestymistavoista, eivät kuitenkaan tunne Poikaa tavalla, jolla Raamattu hänet ilmoittaa. Yksi nykyajan selkeimmistä merkeistä siitä, että jokin kultti on harhaoppi, onkin se, jos siinä ymmärretään joko yksi tai molemmat Jeesuksen kahdesta luonnosta väärin. Esimerkiksi Jehovan todistajat uskovat, että Isä loi Jeesuksen arkkienkeli Mikaeliksi, minkä tähden hän on vähemmän jumala kuin Isä. Kristilliset tieteilijät taas opettavat, ettei Jeesus ollut Jumala vaan ihminen, joka ilmensi "Kristus-käsitystä". Ja Yhdistymiskirkko (moonilaisuus) opettaa, että Jeesus oli täydellinen ihminen, joka saavutti vähäisemmän jumalallisuuden tason.

Raamatun Jeesus on kuitenkin täysin jumalallinen ja täysin inhimillinen, 100 % Jumala ja 100 % ihminen. Hän ei ole puoliksi Jumala ja puoliksi ihminen tai 10 % Jumala ja 90 % ihminen. Eikä myöskään ole niin, että hänen kaksi luontoaan ovat sekoittuneet toisiinsa tai yhdistyneet uudeksi Jumala-ihminen-luonnoksi. Raamatullisen opetuksen – jota kutsutaan joskus "hypostaattiseksi liitoksi" – mukaan Jeesuksessa, joka on yksi ainoa henkilö, on sekä jumalallinen että inhimillinen luonto. Nämä ovat erillisiä mutta toimivat yhtenä yksikkönä Jeesuksen yhdessä ainoassa persoonassa.

Pojan tunteminen

Niinpä Jeesus todella on ihmiseksi tullut Jumala.

Vaikka raamatullista oppia Kristuksesta olisi kuinka vaikea ymmärtää omalla mielellä, emme saa hylätä tätä olennaista Uuden testamentin paradoksia. Sen sijaan voimme olla varmoja siitä, että kun kamppailemme mielessämme Jumalan Sanan ymmärtämiseksi ja kun avaamme henkemme Jumalan kirjoitetulle *logokselle*, Jumalan Pojan Henki saa aikaan sen, että kykenemme tuntemaan Pojan hänen ainutlaatuisen kaksinaisen luontonsa täydessä ihmeellisyydessä.

Osa 3

Ainutlaatuinen hahmo

Kaikki tietävät, että Uudessa testamentissa on neljä selontekoa Jeesuksen Kristuksen elämästä ja kuolemasta. Matteuksen, Markuksen, Luukkaan ja Johanneksen evankeliumit ovat Henki Jumalan täydellistä työtä Poika Jumalan luonnon ja tehtävän kuvaamiseksi: jokaisen evankeliumin jokainen jae on Jumalan hengittämää, ja jokainen niistä on meille elintärkeä ohjaamaan elämäämme ja opettamaan meille hänen elämäntapaansa.

Neljä evankeliumia kertovat totuuden Pojan ainutlaatuisesta hahmosta kaikkein täydentävimmällä mahdollisella tavalla. Tämän ne tekevät kuvaamalla hänen elämäänsä ja tehtäväänsä hieman erilaisista mutta toisiaan täydentävistä näkökulmista.

Uuden testamentin neljä ensimmäistä kirjaa eivät ainoastaan vahvista toisiaan (vaikka ne niin tekevätkin), sillä ne ovat enemmän kuin vain toisiaan toistavia todistuksia. Jokaisella niistä on oma tavoitteensa, ja jokaisessa niissä on valittu ja järjestelty tosiseikat omanlaisella tavalla. Jokaisella on omat eriävät teemansa, jokaisessa painotetaan Jeesuksen sanoman eri puolia, jokaisessa on kohtia, joita ei ole muissa evankeliumeissa, ja jokaisessa tunnutaan sivuuttavan joitakin tapahtumia ja yksityiskohtia, joiden täytyi olla kirjoittajalle tuttuja. Tämä kaikki tapahtui Hengen tarkan ohjauksen ja innoituksen alaisuudessa. Tämän vuoksi meidän täytyykin ottaa huomioon kaikki neljä evankeliumia, jos haluamme tuntea Jumalan *henkilökohtaisen Sanan* hänen *kirjoitetun Sanansa* ilmoittamalla tavalla.

Matteuksen evankeliumi
Matteus esittelee Jeesuksen kaikkialla evankeliumissaan ennen kaikkea kuninkaana, joka on tullut perustamaan valtakunnan.

Pojan tunteminen

Hän korostaa johtajuuteen ja arvovaltaan liittyviä seikkoja ja keskittyy Jumalan taivaalliseen valtakuntaan.

Matteus luo perustan Jeesuksen kuninkaallisille valtuuksille esittelemällä evankeliuminsa alussa Jeesuksen sukuluettelon. Hän jäljittää Jeesuksen esivanhemmat Abrahamista Daavidin ja muiden Israelin kuninkaiden kautta Joosefiin, Jeesuksen *viralliseen* isään.

Selonteossaan Jeesuksen syntymästä (j. 1:18–2:23) Matteus korostaa arvovallan teemaa, havainnollistaa Jeesuksen kuninkuutta ja valaisee Jumalan tulevaan valtakuntaan liittyvää salaisuutta. Kerronta keskittyy Joosefiin (perheen päähän) ja painottaa hänen täydellistä kuuliaisuuttaan; Betlehem nimetään luvatuksi paikaksi, josta on tuleva johtaja hallitsemaan Jumalan kansaa; mahtavat idän tietäjät etsivät uutta kuningasta; ja uutiset kuninkaallisesta syntymästä pelästyttävät juutalaisten kuninkaan Herodeksen.

Matteus vaikuttaisi esittävän Jeesuksen syntymään liittyvät tapahtumat kuninkaiden ja erilaisten hallintatapojen välisenä ristiriitana: voimakas anastaja pyrkii huijaamaan idän tietäjiä, yrittää saada Jeesuksen hengiltä ja surmaa Betlehemin lapset, kun taas laillinen perijä on rauhanomainen, haavoittuva, lempeä – ja Jumalan suojeluksessa, joka toimii kuuliaisten ihmisten kautta.

Matteus on merkinnyt muistiin viisi Jeesuksen arvovaltaista opetuskokonaisuutta (luvuissa 5–7, 10, 13, 18 ja 24–25), mikä vaikuttaisi heijastelevan juutalaisen lain viittä kirjaa. Nämä opetuskohdat keskittyvät "taivasten valtakunnan" ja "vanhurskauden" teemoihin ja paljastavat näin kuninkaallisen Pojan taivaallisen luonteen ja moraalisen arvovallan.

Matteus myös kokoaa yhteen kymmenen ihmettä jakeisiin 8:1–9:37 havainnollistaakseen Jumalan valtakunnan aineellista ja hengellistä arvovaltaa. Nämä ihmeet paljastavat, että Jeesuksella on hallintavalta yli luonnon, sairauksien ja riivaajien.

Jakeissa 21:1–16 Matteus kertoo Jeesuksen saapumisesta kuninkaana Jerusalemiin laajemmin kuin muut evankeliumit.

Ainutlaatuinen hahmo

Tämän jälkeen hän on merkinnyt muistiin jakeisiin 22:1–14 vertauksen, joka osoittaa, että kuningas voi valita valtakuntaansa kenet itse haluaa, jakeisiin 23:1–39 syytöksen kirjanoppineita ja fariseuksia vastaan, jotka käyttävät väärin arvovaltaansa ja elävät epävanhurskaasti, sekä jakeisiin 24:1–25:46 yksityiskohtaisen opetuksen koskien sitä, kun kuningas tulee maailmanlaajuisella arvovallalla takaisin tuomitsemaan ja hallitsemaan.

Selonteossaan Jeesuksen kärsimyksestä ja ylösnousemuksesta jakeissa 26:1–28:20 Matteus kertoo tyhjentävästi Jeesuksen kuulustelusta roomalaisen maaherran edessä ja antaa paljon painoarvoa Pilatuksen kysymykselle (j. 27:11) ja sotilaiden pilkkahuudoille (j. 27:29). Tämän jälkeen hän listaa useita tunnusomaisia yksityiskohtia, jotka korostavat Jeesuksen kuoleman ja ylösnousemuksen ainutlaatuista voimaa ja arvovaltaa. Hän on esimerkiksi ainoa, joka kertoo:

- yliluonnollisista maanjäristyksistä – 27:51
- hautojen aukenemisesta – 27:52
- pyhien ruumiiden ylösnousemisesta – 27:52
- vartiomiehistä – 27:62–65
- kiven sinetöimisestä –27:66
- voimakkaasta maanjäristyksestä – 28:2
- enkelistä, joka vieritti kiven pois – 28:2
- naisista, jotka kumarsivat Jeesusta – 28:9
- naisista, jotka toimivat Jeesuksen käskyjen mukaan – 28:10–11
- epävanhurskaista ja valehtelevista virkavallan edustajista – 28:11–15.

Lopuksi Matteus päättää evankeliuminsa valitsemalla jakeissa 28:18 ja 28:20 sanat, jotka vielä uudelleen korostavat Pojan kuninkaallista arvovaltaa ja jotka kutsuvat uudelleen Jeesuksen omia elämään kokosydämisellä kuuliaisuudella.

Pojan tunteminen

Markuksen evankeliumi

Markuksen evankeliumissa Poikaa ei niinkään esitellä hallitsemaan tulevana voimallisena kuninkaana vaan pikemminkin kärsivänä palvelijana, joka tulee palvelemaan ja antamaan itsensä uhrina koko ihmiskunnan edestä. Markus korostaa taidokkaasti läpi koko lyhyen selontekonsa Pojan ainutlaatuisesta toiminnasta useita sellaisia pieniä yksityiskohtia Jeesuksen elämästä, jotka yhteen koottuina tuntuvat kertovan täydellisen esimerkin kärsivällisestä palvelemisesta.

Markus ei esittele sukuluetteloa tai kerro mitään yksityiskohtia Jeesuksen syntymästä – hänelle palvelijoiden syntyperällä ei ole merkitystä vaan heidän tekemällään työllä ja sillä, kuinka hyvin he työnsä hoitavat. Toisin kuin muissa evankeliumeissa, Markuksen evankeliumissa Jeesuksen kaste mainitaan vain nopeasti. Siinä ei myöskään kerrota mitään yksityiskohtia Jeesuksen kokemista kiusauksista autiomaassa, vaan sen sijaan siirrytään suoraan siihen, kuinka hän palveli ihmisiä Galileassa.

Markus ei kerro yhdestäkään tilanteesta, jossa Jeesus julisti suurella kuninkaallisella arvovallalla valtakuntansa lakeja, ja hän kertoo myös vain harvoista sellaisista tilanteista, joissa Poika puhui tuomitsevia sanoja – Markukselle palvelemisessa on enemmän kyse tekemisestä kuin puhumisesta. Hän myös mainitsee vain kahdeksan lyhyttä vertausta, ja suurin osa näistäkin liittyy ilmeisellä tavalla palvelemiseen.

Palvelemisen teemansa korostamiseksi Markus vaikuttaa käyttävän kreikan kielen sanaa *euthus*, "heti" tai "välittömästi". *Euthus* esiintyy Uudessa testamentissa kahdeksan kertaa, ja yli puolet näistä löytyvät Markuksen evankeliumista – missä se vaikuttaa ilmaisevan innokkaan palvelijan nopeaa reagoimista.

Markus mainitsee Jeesuksen elämästä monia pieniä yksityiskohtia, jotka on jätetty pois muiden evankeliumien selonteoista samoista tapahtumista. Tämänkaltaiset yksityiskohdat ovat sellaisia, joita vain sellainen voi havaita, joka

Ainutlaatuinen hahmo

katselee maailmaa palvelijan silmin ja joka huomaa muiden ihmisten nöyrän palvelemisen ja ihailee sitä. Esimerkiksi:

◆ Jeesus otti häntä kädestä ja auttoi hänet jalkeille – 1:31

◆ Jeesus loi heihin vihaisen katseen – 3:5

◆ Jeesus palasi sitten kotiin – 3:20

◆ hän katsoi ihmisiin, joita istui joka puolella hänen ympärillään – 3:34

◆ Jeesus tuli kotiin – 7:17

◆ hän kääntyi ja katsoi opetuslapsiin – 8:33

◆ Jeesus tarttui häntä kädestä ja auttoi hänet jalkeille – 9:27

◆ Kun Jeesus sitten oli mennyt sisään – 9:28

◆ Jeesus otti hänet [lapsen] syliinsä – 9:36

◆ hän otti lapset syliinsä – 10:16

◆ hänen sieltä tielle mennessään – 10:17 (v. 1938 käännös)

◆ Jeesus katsahti häneen, rakasti häntä – 10:21

◆ hän seurasi Jeesusta tiellä – 10:52 (v. 1938 käännös)

◆ hän käveli pyhäkössä – 11:27 (v. 1938 käännös).

Jakeissa 7:31–37 ja 8:22–26 Markus kertoo kahdesta ihmeestä, joita ei mainita muissa evankeliumeissa, ja paljastaa näiden avulla Jeesuksen halun työskennellä huomaamattomasti. Markuksen evankeliumissa Poika haluaa palvella ilman, että häntä huomataan, on valmis palvelemaan ilman kiitosta, pyytää salassapitoa ja pyrkii piiloutumaan – kuten jakeessa 7:24.

Hyvä palvelija on kuitenkin yleensä aina valmis täyttämään muiden toiveet, ja Markus osoittaakin jakeissa 1:35–39, 3:20 sekä 6:31–34, 45 ja 54–55, kuinka Poika antaa ihmisten keskeyttää omat yksityiset hetkensä.

Pojan tunteminen

Markus ei sivuuta Jeesuksen voimaa ja arvovaltaa, mutta hän viittaa niihin Matteusta lyhemmin. Jakeissa 1:35 ja 41, 6:34 sekä 10:21 hän antaa joitakin ainutlaatuisia tietoja, jotka antavat viitteitä Jeesuksen voiman tärkeimmistä salaisuuksista. Markuksen evankeliumi selventää muita evankeliumeja yksityiskohtaisemmalla tavalla niitä vaikeuksia, joita Poika koki ja joutui kohtaamaan – esimerkiksi jakeissa 3:5 ja 21, 6:6, 7:34 sekä 8:12. Jeesuksen suurin kärsimys tapahtui ristillä, ja tätä evankeliumia värittääkin syvä tietoisuus rististä.

Läpi koko Markuksen evankeliumin risti ilmoitetaan sekä palvelemisen hintana että kunniana. Kaikki johtaa kohti sitä hetkeä luvussa kahdeksan, jossa apostolit vihdoin ymmärtävät, kuka Jeesus on, ja ovat valmiita oppimaan rististä. Tuosta hetkestä alkaen Markuksen evankeliumia hallitsee kärsimyksen ja kuoleman teema – tämä havaitaan esimerkiksi jakeissa 10:21, 30 ja 45.

Markus päättää evankeliuminsa melko erilaisella tavalla kuin muut kirjoittajat. Hän nimittäin osoittaa, että ylösnoussut Poika on edelleen palvelija. Edellä jo havaittiin, että jakeessa 16:20 Markus yhtäkkiä kutsuu Jeesusta "Herraksi", mutta lisäksi on syytä kiinnittää huomiota Markuksen hiljaiseen muistutukseen, että ylösnoussut Herra palvelee edelleen maan päällä yhdessä opetuslasten kanssa ja että hän edelleen vahvistaa Sanan sitä seuraavien merkkien kautta (v. 1938 käännös). Tähän tunnusomaiseen pieneen yksityiskohtaan Markus päättää selontekonsa palvelevasta Pojasta.

Luukkaan evankeliumi

Luukkaan evankeliumi ei esitä Poikaa ensisijaisesti kuninkaana tai palvelijana vaan pikemminkin ihanteellisena ihmisenä – ihmiskunnan täydellisenä malliesimerkkinä, mallielämänä siitä, millaisia kaikkien ihmisten tulisi olla.

Luukas painottaa Jeesuksen olevan sellainen, jota on koeteltu kaikilla mahdollisilla tavoilla, joka kokee tavallisia ristiriitoja ja tunteita ja joka silti on synnitön. Voidaan sanoa, että tämä evankeliumi paljastaa Pojan olevan *paras mahdollinen*

Ainutlaatuinen hahmo

ymmärtäväinen syntisten ystävä ja *juuri* se henkilö, jota on syytä seurata.

Luukas antaa paljon painoarvoa Jeesuksen syntymään liittyville tapahtumille ja käyttää tuota kertomusta esitelläkseen joitakin itselleen ominaisia teemoja, joita ovat esimerkiksi: Jeesuksen ihmisyys, naisten asema, köyhien kohtelu, pienistä lapsista huolehtiminen, Pyhän Hengen antama apu, vieraanvaraisuus, parantamisihmeet, ylistys ja ilo.

Jakeissa 1:5–2:38 Luukas osoittaa, että Jumala tahtoo vetää tavallisia ihmisiä luokseen, täyttää heidät Hengellä ja käyttää heitä viemään hyvää sanomaa Jeesuksesta eteenpäin. Jakeissa 3:23–38 Luukas jäljittää Jeesuksen esivanhempia Aadamiin asti osoittaakseen, että Jeesus on koko ihmiskunnan veli.

Luukkaan selonteko Jeesuksen syntymästä keskittyy siihen, miten Maria vastaa Jumalalle; tyhjin käsin Jeesusta katsomaan tuleviin paimeniin; Jeesuksen vanhempien köyhyyteen; alhaista syntyperää olevaan Sakariaan vaikuttaneisiin ihmeisiin; sekä Pyhään Henkeen, ylistykseen ja iloon – esimerkiksi kohdissa 1:14, 28, 44, 47, 58 ja 64 sekä 2:10, 13, 20 ja 38.

Luukas on ainoa, joka selventää Pojan historiallisen ja poliittisen taustan – jakeissa 3:1–2 ja 19 sekä 4:16. Evankeliuminsa ensimmäisessä osassa hän antaa useita vihjeitä Jeesuksen identiteetistä ja esittelee useita ihmisiä, jotka ihmettelevät, kuka Jeesus mahtaa olla – esimerkiksi kohdissa 1:31–33, 3:15–17 ja 22, 4:17–22 ja 23, 7:18–20, 8:25 sekä 9:7–9. Kaikki tämä johtaa jakeisiin 9:20–21, joissa Luukas paljastaa Jeesuksen olevan "Jumalan Kristus" (vrt. v. 1938 käännös).

Luukas keskittyy Pojan opetuksiin rahasta ja tekee usein taloudellisen huomautuksen ihmisistä, joista hän kertoo – kuten kohdissa 3:10–11, 7:5–6, 8:1–3, 19:8–10, 21:1–4 ja 23:50–54. Useimmat vain Luukkaan muistiin merkitsemistä vertauksista koskevat vaurautta, ja jopa ainoa ihme, josta vain hän kertoo (j. 5:1–11), on omalla tavallaan taloudellinen testi: jättävätkö nuo miehet ennätyksellisen saaliinsa rannalle muiden käsiin lähteäkseen itse seuraamaan Jeesusta?

Pojan tunteminen

Tämä painotus tulee parhaiten esiin jakeissa 12:33-34: jos Matteuksen evankeliumissa vanhurskaus on tärkein valtakunnan ominaisuus, Luukkaan evankeliumissa se on anteliaisuus.

Luukkaalle Poika on sellainen henkilö, joka on selkeästi yhteiskunnan alempiarvoisten jäsenten rinnalla. Pojan ensimmäinen lepopaikka on eläinten syöttökaukalo, hänen viimeinen lepopaikkansa on toisen miehen hauta ja näiden välissä hänellä ei ole paikkaa, mihin päänsä kallistaisi. Luukas jopa kertoo, että Jeesuksen vanhempien täytyi uhrata ja uhrautua erityisesti köyhille ominaisella tavalla – tämä havaitaan jakeissa 2:16 ja 24, 9:58 sekä 23:53.

Juuri Luukas paljastaa, että Poika on rukouksen mies: vaikka Johannes onkin merkinnyt muistiin Jeesuksen pisimmän rukouksen ja Matteus käsittelee Isä meidän -rukousta kaikkein yksityiskohtaisimmalla tavalla, Luukas osoittaa, että rukous täytti Jeesuksen elämän kaikki osa-alueet – tämä havaitaan esimerkiksi kohdissa 3:21, 5:16, 6:12, 9:18 ja 28, 11:1-8, 18:1-14, 19:45-46, 22:32, 40 ja 45, 23:46 sekä 24:30-31.

Luukkaan evankeliumi tekee selväksi, että Poika on hyvä sanoma tavallisille miehille ja naisille. Siinä kerrotaan viidestä tilanteesta, joissa Jeesus on vieraana aterialla, ja osa Jeesuksen kaikkein haastavimmista opetuksista on annettu juuri tällaisissa epävirallisissa puitteissa – esimerkiksi kohdissa 5:32, 7:36-50, 1:37-54 ja 14:1-14.

Läpi koko evankeliuminsa Luukas esittelee useita ihmisiä, jotka kaikki vastaavat Pojalle erilaisilla tavoilla. Hän aloittaa yksityiskohtaisella selonteolla siitä, kuinka Jumala toimi Sakariaan kanssa, ja päättää kertomalla Jeesuksen keskustelusta Kleopaksen kanssa.

Yhdessä Sakkeuksen kanssa nämä miehet ovat Luukkaan mahtavia esimerkkejä tavallisista ihmisistä, jotka Jumala muutti täysin.

Luukas painottaa myös Jeesuksen radikaalia asennetta naisia kohtaan useissa kohdissa. Nämä kohdat paljastavat, mikä asema naisilla oli hänen toiminnassaan: 7:11-16 ja 36-

Ainutlaatuinen hahmo

38, 8:1–3, 10:38–42, 11:27–28, 13:10–17, 15:8–10, 18:1–8, 23:49 ja 55 sekä 24:10.

Luukas kertoo yhtä monesta ihmeestä kuin Matteus ja Markuskin, mutta hän on valinnut selontekoonsa pääosin eri ihmeet kuin Matteus ja Markus. Matteus ja Markus kertovat voimakkaammista kohtaamisista riivaajien ja luonnon kanssa, Luukas taas keskittyy parantumisihmeisiin. Hän on ainoa, joka kertoo tietyistä kymmenestä ihmeestä – nämä löytyvät kohdista 1:20–22, 24 ja 64, 5:4–7, 7:11–17, 10:17, 13:10–17, 14:1–6, 17:11–19 sekä 22:51.

Kaikki Luukkaan ihmeet keskittyvät Jeesukseen, mutta Poika ei ole niiden kaikkien tekijä. Jakeet Luuk. 1:20–22, 24 ja 64 sekä 5:17 osoittavat, että Jumala tekee ihmeitä riippumattomasti, ja jakeet 9:10, 9:49–50 ja 10:17 taas osoittavat, että Jumala voi tehdä ihmeitä kenen tahansa valitsemansa henkilön kautta, ei vain Jeesuksen kautta.

Luukkaan versio Jeesuksen kärsimyksestä muistuttaa muiden evankeliumien kertomuksia, mutta siinä on muutama ylimääräinen yksityiskohta – esimerkiksi jakeissa 22:51, 22:64 ja 23:39–43. Vaikka Luukkaan selonteko onkin lyhin kaikista, siitä välittyy huomattavan voimakas tuskan ja ahdistuksen tunne. Jakeet Luuk. 22:42–44 kertovat Jeesuksen kokeneen ennenkokematonta hengellistä tuskaa hänen kamppaillessaan Isänsä tahdon kanssa: tämä on Luukkaan paljonpuhuvin paljastus Pojan ihmisyydestä.

Luukas jättää muiden evankeliumien kirjoittajien vastuulle osoittaa, että Jeesus antoi henkensä "lunnaiksi kaikkien puolesta" ja että hänen kuolemansa oli voitto saatanasta. Luukas sen sijaan keskittyy paljastamaan, että Jeesuksen kuolema on suurin mahdollinen esimerkki täydellisestä inhimillisestä hyvyydestä. Luukkaalle risti on paikka, missä Messias täyttää Jesajan kirjan luvun 53 kohtalonsa hyväksymällä ja kestämällä hylkäämisen, kärsimykset ja kuoleman.

Tämä evankeliumi päättyy tarkalleen samalla tavalla kuin se alkoikin: enkelillä, ihmeellä sekä niiden ihmisten epäuskolla, joiden pitäisi tietää paremmin. Luukas painottaa Jeesuksen

Pojan tunteminen

ylösnousseen ruumiin aineellista todellisuutta ja sisällyttää selontekoonsa ilmestymisen tavalliselle opetuslapselle. Tämän jälkeen kyseinen kirja päättyy paikkaan, josta se alkoikin – temppeliin –, ja Luukas lopettaa selontekonsa vielä muutamiin ilon sanoihin edellisten lisäksi.

Johanneksen evankeliumi
Johanneksen evankeliumi eroaa kaikista eniten muista evankeliumeista, sillä se ei esittele Jeesusta niinkään kuninkaallisena Daavidin poikana, kärsivänä Jumalan palvelijana tai täydellisenä malliesimerkkinä ihmisestä, vaan pikemminkin mahtavana Jumalan Poikana.

Vaikka Johannes tunsi Marian paljon paremmin kuin muiden evankeliumin kirjoittajat hänet tunsivat, hän sivuuttaa Jeesuksen inhimillisen syntyperän ja aloittaa evankeliuminsa taivaallisella sukuluettelolla (j. 1:1–18). Hän käyttää ihmeellisen kauniita sanoja kuvailemaan Pojan suhdetta Jumalaan ja tehdäkseen selväksi, että Jeesus on täysin jumalallinen. Tässä "johdannossa" Johannes esittelee evankeliumilleen ominaiset teemat – valon, elämän, kirkkauden ja totuuden –, jotka esiintyvät läpi koko hänen evankeliuminsa.

Jakeissa 1:19–2:12 Johannes kertoo Jeesuksen toiminnan ensimmäisestä viikosta. Kaikissa neljässä evankeliumissa kerrotaan Johannes Kastajan ja Jeesuksen välisestä maallisesta suhteesta, mutta Johannes avaa myös toisenlaisen puolen: jos Jeesus on "valo", Johannes on "lamppu"; ja jos Jeesus on "Sana", Kastaja on "ääni".

Matteus korostaa Johannes Kastajan julistusta valtakunnasta ja Luukas painottaa hänen käskyjään tehdä parannus, jonka merkkinä on anteliaisuus, mutta Johannes sitä vastoin kertoo hänen ainutlaatuisista ilmoituksistaan koskien jumalallista Jeesusta – 1:34–35. Lisäksi Matteus osoittaa, että Johannes on vastahakoinen kastamaan Jeesuksen, koska hän tunnistaa tämän ylempiarvoisen arvovallan, ja Luukas huomauttaa, että Johannes ja Jeesus ovat inhimillisesti sukua keskenään, minkä tähden heidän täytyi varmasti myös tuntea

Ainutlaatuinen hahmo

toisensa, mutta Johannes toteaa jakeessa 1:33, ettei Kastaja tunne Jeesusta.

Ensisilmäyksellä tässä vaikuttaisi olevan ylitsepääsemätön epäjohdonmukaisuus, mutta on syytä ymmärtää, että Johannes kirjoittaa Jeesuksesta, joka on jumalallinen Poika, ei ihmis-Jeesuksesta. Poika voidaan tuntea ihmisenä ja palvelijana, jopa kuninkaana, tuntematta häntä kuitenkaan Jumalana. Johannes Kastaja tunsi Jeesuksen serkkunaan jo varhaislapsuudestaan saakka, mutta hän ei tuntenut Jeesusta Jumalan Karitsana, ennen kuin hän näki Hengen laskeutuvan Jeesuksen päälle.

Johanneksen selonteko Jeesuksen toiminnan ensimmäisestä viikosta päättyy Jeesuksen ensimmäiseen tunnustekoon, ja tällä ihmeellä Johannes antaa viitteitä kahdesta ajatuksesta, joita hän kehittelee myöhemmin evankeliumissaan: ensinnäkin, että ihmisten teot päättyvät aina epäonnistumiseen, mutta että Poika saa aikaan kirkkautta epäonnistumisesta; ja toisekseen, että kun ihmisten huolenpito on kulunut loppuun, Poika antaa yltäkylläisen paljon kaikkea hyvää.

Jakeissa 2:13–4:54 Johannes paljastaa hengellisten ajatusten jatkumon. Ensin hän painottaa sitä tosiseikkaa, että Poika voi korjata kaiken, minkä ihmiset tuhoavat. Seuraavaksi hän selventää uudestisyntymisen ihmettä, ja sitten hän esittelee meissä sisäisesti asuvan Hengen – tämä havaitaan jakeissa 2:20, 3:3 ja 4:14.

Johannes tekee selväksi, että Poika on tullut tuomaan elämän. Siinä missä Matteus pitää tärkeänä vanhurskautta ja Luukas anteliaisuutta, Johannes sitä vastoin keskittyy elämään. Ja jos Matteuksen opetuslapset tulevat vanhurskaiksi olemalla kuuliaisia kuninkaalle ja Luukkaan opetuslapset tulevat anteliaiksi jäljittelemällä ihmistä, Johanneksen opetuslapset sitä vastoin saavat ikuisen elämän uskomalla Poikaan.

Johannes mainitsee elämän ja uskon ensimmäisen kerran jakeissa 1:4 ja 12. Jakeissa 3:15–16 hän selventää, kuinka ne liittyvät yhteen, ja sitten kaikkialla loppuevankeliumissaan

Pojan tunteminen

hän punoo noita kahta teemaa tiukasti toisiinsa – esimerkiksi kohdissa 5:39, 6:40, 11:25–26 ja 20:27–31.

Jakeissa 5:1–47 Johannes kertoo ainutlaatuisen parantumisihmeen asettaakseen lain heikkouden vastakkain Pojan elämää antavan voiman kanssa: aivan kuten vain kaikista vahvimmat hyötyvät altaasta, myös vain kaikista vahvimmat saavat avun laista. Ja aivan kuten Poika antaa voimia kaikista heikoimmille, samoin kaikki, jotka uskovat häneen, saavat elämän.

Jakeessa 5:19 Johannes vilauttaa ensimmäisen kerran vielä erästä hänen tunnusomaisista teemoistaan – Pojan ja Isän ykseyttä. Tästä jakeesta evankeliuminsa loppuun saakka Johannes tekee selväksi, että Jeesus ja Isä ovat yhtä: Poika puhuu, mitä Isä sanoo, menee, minne Isä hänet lähettää, ja tekee, mitä Isä on tekemässä. Tällä toistolla Johannes painottaa sekä Pojan antautumista Isälle että hänen ykseyttään Isän kanssa.

Jakeissa 6:1–71 Johannes kertoo toisesta pääsiäisestä ja esittelee Pojan pääsiäisen täyttymyksenä – esimerkiksi jakeissa 6:35 ja 54. Sitten jakeissa 7:1–10:21 hän kertoo lehtimajanjuhlasta ja osoittaa jakeissa 7:37 ja 8:12 Jeesuksen olevan myös tämän juhlan täyttymys.

Tähän asti Johannes on esittänyt Pojan pääosin elämänä, mutta tästä eteenpäin hän alkaa kehittää myös valon teemaa. Johannes käyttää kahta tapausta paljastamaan Pojan valon erityislaatuisen luonnon. Ensin avionrikkoja seisoo valossa Jeesuksen edessä tulematta tuomituksi, kun taas fariseukset kävelevät pois oman omatuntonsa tuomitsemina. Tämän jälkeen sokea mies saa näkönsä. Muissakin evankeliumeissa tietenkin kerrotaan sokeista, jotka saavat näkönsä takaisin, mutta ainoastaan Johannes liittää tällaisen ihmeen yhteyteen erään Jeesuksen erityislaatuisen väitteen (j. 9:5).

Jakeissa 10:22–11:57 Johannes liittää Jeesuksen temppelin vihkimisen vuosijuhlaan – jota vietettiin juhlistamaan juutalaisten suurta voittoa makkabealaisten hallintakaudella, joka sijoittuu Vanhan ja Uuden testamentin väliseen aikaan.

Ainutlaatuinen hahmo

Nämä olivat täydelliset puitteet Pojan julistukselle suuresta voitostaan kuolemasta, jonka hän osoitti toteen herättämällä Lasaruksen kuolleista. Näissä jakeissa Johannes korostaa uudelleen kaikkia hänelle ominaisia teemoja – 10:30 ja 38 sekä 11:10, 25-26 ja 40.

Suurin osa Johanneksen evankeliumista eroaa melkoisella tavalla muista evankeliumeista, mutta Johanneksen pitkä selostus Jeesuksen viimeisestä pääsiäisateriasta on kohta, jossa tämä ero on kaikista selvin. Johanneksen evankeliumin ensimmäisissä seitsemässä luvussa hallitsevana teemana on elämä, seuraavissa viidessä luvussa keskitytään valoon, mutta kirjan loppuosa käsittelee pääosin rakkautta. Johannes käyttää sanaa "rakkaus" kahdeksan kertaa ensimmäisissä 12 luvussa ja 30 kertaa lopuissa yhdeksässä luvussa.

Rakkaus on hallitseva teema myös "viimeisellä aterialla". Läpi tuon aterian Johannes kertoo niistä eri tavoista, joilla Jumala osoittaa rakkauttaan ystäviään kohtaan. Lisäksi hän kertoo, kuinka noiden ystävien tulisi vastata Jumalan rakkauteen rakastamalla Jumalaa ja toisiaan – esimerkiksi jakeissa 13:1 ja 34, 14:21, 15:13, 16:27 ja 17:26.

Luukas on ainoa, joka käyttää ilmausta "Pyhällä Hengellä täytetty", ja hän kääntää katseet maan päälle esittääkseen Hengen erityisenä auttajana, jonka Jumala antaa tavallisille ihmisille. Johannes sitä vastoin on merkinnyt muistiin Jeesuksen selkeimmän opetuksen Hengestä, ja hän kääntää katseet taivaaseen paljastaakseen, että Henki antaa Isältä tulevia asioita. Juuri Johannes nimittää Henkeä "totuuden Hengeksi", kutsuu häntä nimellä *Paraclete*, "Lohduttaja", ja esittelee hänen työtään opettajana ja todistajana.

Matteus, Markus ja Luukas keskittyvät Jeesuksen inhimilliseen tuskaan ja suruun kertoessaan hänen kärsimyksestään ja kuvaavat Jeesuksen jakamassa murhettaan apostolien kanssa. Jae Joh. 14:27 taas tarkastelee samoja tapahtumia eri näkökulmasta ja kuvaa Jeesuksen lohduttamassa seuraajiaan. Sama toistuu myös puutarhassa: jakeet Joh. 18:4-6 täydentävät Luukkaan kuvausta Pojan

Pojan tunteminen

kamppailuista Isän tahdon kanssa esittämällä rauhallisen Jeesuksen, jolla on tilanne hallinnassa.

Sen jälkeen kun Johannes on kertonut ylösnousemuksesta, hän johdattelee evankeliuminsa uskon, elämän ja rakkauden huipentumaan jakeissa 20:27–31. Tämän jälkeen vaikuttaa kuitenkin ikään kuin siltä kuin hän loppupäätelmän sanottuaan kokisi pakottavaa tarvetta lisätä vielä jälkikirjoituksen rakkaudesta.

Joten tämä evankeliumi päättyy uuteen muistutukseen siitä, että ihmisten teot päättyvät aina epäonnistumiseen, uuteen esimerkkiin siitä, että Poika saa aikaan kirkkautta epäonnistumisesta ja uuteen ihmeeseen, jossa Poika pitää yltäkylläisesti huolen ihmisistä, joiden omat varastot ovat kuluneet loppuun – ja näiden jälkeen se viimein päättyy kolmeen viimeiseen kysymykseen rakkaudesta.

Matteuksen evankeliumi päättyy kuninkaallisen Pojan julistukseen ehdottomasta arvovallastaan. Markuksen evankeliumi loppuu osoittamalla, että palveleva Poika toimii edelleen opetuslastensa parissa. Luukas päättää selontekonsa inhimillisen Pojan lupaukseen lähettää lisäapua seuraajilleen. Ja Johanneksen evankeliumi päättyy osoittamalla, että jumalallinen Poika vaatii edelleen rakkautta.

Neljä evankeliumia, yksi Poika
Edellä havaittiin, että kaikki neljä evankeliumia piirtävät erilaisen kuvan Pojasta. Jokaisessa evankeliumissa on erityisiä sanoja, omat teemansa sekä ainutlaatuisia tietoja, ja jokainen niistä myös alkaa ja päättyy tavalla, joka heijastelee juuri kyseisen evankeliumin erityisiä painotuksia.

On kuitenkin vain yksi Jeesus, vain yksi Poika, vain yksi Jumala, vain yksi risti ja vain yksi "evankeliumi". Neljä eri evankeliumia eivät johda neljään eri Poikaan, vaan ne ilmoittavat ainutkertaisen Pojan innoitetuilla, toisiaan täydentävillä ja osittain päällekkäisillä tavoilla. Jos haluamme tuntea Pojan raamatullisen ilmoituksen koko täyteydessä, meidän täytyy tuntea hänet, ylistää häntä ja julistaa häntä

Ainutlaatuinen hahmo

kaikilla näillä toisiaan täydentävillä tavoilla – ylikorostamatta mitään yksittäistä puolta tai sivuuttamatta mitään toista. Jeesus on ainutlaatuinen hahmo, sillä hän on ainoa, joka on samanaikaisesti sekä täysin inhimillinen että täysin jumalallinen; hän ainoastaan on kuningas ja palvelija, synnitön ihminen ja elävä Jumala. Vaikka jokainen evankeliumi keskittyykin Pojan työn ja luonnon eri puoliin, yhdessä ne muodostavat yhdestä henkilöstä kertovan yhden evankeliumin.

Neljä "ylistyslaulua", yksi Poika

Neljän evankeliumin tarkkojen henkilökuvien jälkeen lopussa Uudessa testamentissa keskitytään enemmän Pojan työn seurauksiin ja aikaansaannoksiin kuin hänen luontonsa ja toimintansa yksityiskohtaisiin kuvauksiin. On kuitenkin kaksi "merkittävämpää" kohtaa ja kaksi "vähemmän merkittävää" kohtaa, joista voidaan löytää innoitetut ja tärkeät yhteenvedot hänen ainutlaatuisesta hahmostaan.

Monet tutkijat ajattelevat, että nämä kohdat olivat alun perin osia alkuseurakunnan tekemistä ja käyttämistä ylistyslauluista, ennen kuin ne otettiin Uuteen testamenttiin. Mikä niiden alkuperä sitten onkaan, niissä on sellaista arvokasta tietoa Pojasta, joka auttaa meitä tuntemaan hänet paremmin.

Kirje filippiläisille 2:5–11

Tämä kuuluisa "ylistyslaulu" kertoo äärimmäisen rikkaalla tavalla Kristuksesta Jeesuksesta, Pojasta, ja opettaa paljon hänen olemassaolostaan ennen kaikkea muuta, hänen ihmiseksitulostaan ja hänen korottamisestaan.

Pojan olemassaolo ennen kaikkea muuta

Filippiläiskirjeen jae 2:6 julistaa Pojan olemassaolosta ennen kaikkea muuta, mutta jotkut hengelliset johtajat ovat eri mieltä sen merkityksestä. Kreikan kielen sanan *morphe*, "muoto", on perinteisesti ajateltu tarkoittavan "olemusta", ja useimmat seurakuntien johtajat ovatkin aina uskoneet kyseisen jakeen tarkoittavan, että Jumalan jumalallinen luonto on aina ollut

Pojan tunteminen

olemassa Pojassa ja että Poika on aina ollut täysin Jumalan vertainen.

Viime aikoina jotkut ovat kuitenkin esittäneet, että *morphe* tarkoittaakin "tilaa" tai "kuvaa" pikemmin kuin "olemusta". Nämä henkilöt väittävät, että tämä sopii paremmin yhteen Paavalin opetuksen kanssa jakeissa 2. Kor. 4:4 ja Kol. 1:15 ja että Jeesus oli tästä syystä vain Jumalan kuva – melko samalla tapaa kuin Aadamkin oli Jumalan kuva. Jäljempänä kuitenkin havaitaan, että "kuva" Kolossalaiskirjeen jakeessa 1:15 tarkoittaa paljon enemmän kuin vain näkyvää kuvaa ja että siihen sisältyy Jumalan todellinen läsnäolo.

Ei ole selvää, tarkoittaako jae Fil. 2:6, että Kristus ei pitänyt kiinni siitä, mitä hän jo omisti (yhdenvertaisuuden Jumalan kanssa), vaan luopui siitä vapaaehtoisesti, vai tarkoittaako se, että hän vastusti kiusausta tarttua sellaiseen, mitä hän ei vielä omistanut (kuninkuuden tuoma arvo luomakunnan yli), vaan tyytyi odottamaan, että se annettaisiin hänelle. Saattaa olla, että tällä jakeella on tarkoituksella kaksi merkitystä, jotta sillä näin viitattaisiin molempiin totuuksiin.

Pojan ihmiseksi tuleminen

Filippiläiskirjeen jakeissa 2:7–8 kerrotaan Pojan ihmiseksi tulosta sekä itse ihmiseksi tulon että ihmiseksi tulleen elämän näkökulmasta. Myös tästä jakeen 7 todellisesta merkityksestä on monia erimielisyyksiä.

Joidenkin mielestä inhimillinen Jeesus ei voinut olla jumalallinen, jos hän kerran oli luopunut yhdenvertaisuudestaan Jumalan kanssa. Useimmat taas väittävät, että Jeesus ainoastaan luopui julkisesta asemastaan olla Jumalan vertainen, ja jotkut harvat ajattelevat, että Jeesuksen "itsensä tyhjentäminen" (vrt. v. 1938 käännös) tulisi yksinkertaisesti ymmärtää ilmoituksena jumalallisesta vaatimattomuudesta.

On tärkeää ymmärtää, että Jeesuksen ihmiseksi tulo tapahtui lisäämällä inhimillisiä ominaisuuksia, ei ottamalla pois jumalallisia ominaisuuksia. Toisin sanoen Jeesuksesta tuli ihminen, kun hänen olemassa olevaan jumalalliseen

Ainutlaatuinen hahmo

luontoonsa lisättiin hänen inhimillinen luontonsa – ei niin, että se olisi vähennetty hänen jumalallisuudestaan tai niin, että hänestä olisi sen myötä tullut mitään vähemmän kuin Jumala. Paavalin viittaus "orjaan" jakeessa 7 (englanninkielisissä käännöksissä "palvelija", suom. huom.) ja hänen kuvauksensa jakeessa 8 vaikuttaisivat viittaavan Jesajan kirjan "Jumalan palvelijaan". Aivan kuten jae 6 julistaa, että Jeesus oli täysin jumalallinen, jae 7 toteaa, että hän oli täysin inhimillinen – että hän oli se "Kristus", "Voideltu", jota käsiteltiin edellä osassa 1.

Vaikka jae 8 antaakin ymmärtää, että Jeesuksen ihmisyys on lähes täysi vastakohta hänen ennen kaikkea muuta olemassa olleelle jumalallisuudelleen, Paavali ei pyri ratkaisemaan Pojan kaksinaisen luonnon eri puolten välillä vallitsevaa jännitettä. Kuten kaikki muutkin Uuden testamentin kirjoittajat, hän ainoastaan julistaa Jeesuksen ihmiseksi tulemisen salaisuutta yrittämättä selittää tai oikeuttaa sitä.

Pojan korottaminen
Filippiläiskirjeen jakeet 2:9–11 julistavat Pojan korottamista ja antavat ymmärtää, että siihen liittyy:

◆ jumalallinen teko

◆ ainutlaatuisen nimen lahjoittaminen

◆ kaikkien ihmisten antama ylistys

◆ yleismaailmallinen tietoisuus hänen yksinvaltiudestaan.

Useimmat hengelliset johtajat uskovat, että Jeesus korotettiin jopa korkeampaan asemaan kuin mikä hänellä oli, kun hän oli olemassa ennen kaikkea muuta, ja mikä hänellä oli ennen ihmiseksi tuloaan. Toiset eivät kuitenkaan usko, että tämä voisi olla mahdollista, vaan ajattelevat jakeen 9 tarkoittavan, että Jeesus palautettiin alkuperäiseen asemaansa.

Olennaista tässä on se, että Jeesukselle annettiin koko maailmankaikkeutta hallitsevan virkamiehen korotettu asema, ja juuri tämä on se "yli kaiken korotettu asema", johon tässä jakeessa viitataan. On kuitenkin syytä huomata,

Pojan tunteminen

että tämä korkeamman aseman tarkoitus on saada "kaikki polvet notkistumaan" (vrt. v. 1938 käännös) Isän hallintavallan edessä. Jakeiden 1. Kor. 15:24-28 mukaan Poika antaa tämän "valtakunnan" tai hallintavallan takaisin Isälle. Juuri tätä tarkoitetaan jakeessa Fil. 2:11, kun siinä sanotaan, että Pojan korottaminen tapahtuu "Isän Jumalan kunniaksi".

Jakeessa 9 ei nimetä Jeesuksen uutta korotettua nimeä, mutta tutkijat ovat aina olettaneet Paavalin tarkoittavan sen olevan "Herra" – joka, kuten edellä havaittiin, oli nimi, jota Jeesuksesta tavallisesti käytettiin hänen ylösnousemuksensa jälkeen.

Jakeet 10 ja 11 painottavat Pojan korottamista ilmoittamalla edeltä yleismaailmallisesta ylistyksestä, joka täyttää Jesajan kirjan jakeen 45:23 ilmoituksen. Tämä on vielä yksi todiste siitä, että Jeesus on aivan yhtä jumalallinen kuin itse Jumalakin on – ja se tosiseikka, että Jeesuksen ylistäminen kirkastaa Isä Jumalaa, osoittaa, ettei Poika ole erillinen itsenäinen jumalallinen hahmo.

Kirje kolossalaisille 1:15-20

Olivatpa nämä jakeet sitten ote varhaisesta ylistyslaulusta tai eivät, ne kuvaavat Kristusta ihmeellisen kauniilla tavalla ja osoittavat, että Poika on:

◆ luomakunnan yläpuolella

◆ jatkuvasti toiminnassa luomisessa

◆ Jumalan koko täyteys.

Pojan ylemmyys

Paavali vakuuttaa Kolossalaiskirjeen jakeessa 1:15, että Jeesus on näkymättömän Jumalan kuva, että hän on täydellinen ilmoitus Jumalasta. Raamattu opettaa aina, että Jumala on näkymätön, mutta Paavali julistaa radikaalilla tavalla näkymättömän tulemista näkyväksi sen kautta, että näkymätön Jumala muistuttaa niin täydellisesti Kristusta. Paavali ei sano,

Ainutlaatuinen hahmo

että Jeesus olisi pelkkä Jumalan kuva, vaan että näkymätön on todellisuudessa tullut näkyväksi hänessä.

Jotkut ihmiset ajattelevat ilmauksen "esikoinen" tarkoittavan, että Kristus on luotu olento, mutta jos Paavali olisi tarkoittanut tätä, hän ei olisi todennut seuraavassa jakeessa, että esikoinen oli kaiken luoja! Koko tämä raamatunkohta painottaa sitä, että Poika on ollut olemassa ennen kaikkea muuta ja että hän on kaiken yläpuolella. "Hän teki" kaiken, ja kaikki tehtiin "hänen kauttaan" ja "häntä varten" – hän on koko luomakunnan lähde, ydin ja tarkoitus.

Pojan ylläpito
Jakeet 1:17–18 heijastelevat Heprealaiskirjeen jaetta 1:3 ja osoittavat, että Kristus pitää kaikkea koossa. Hän on maailmankaikkeuden koossapysyvyyden periaate, ei poissaoleva luoja, jota ei kiinnosta. Ja hän on seurakunnan aktiivinen, ylläpitävä pää.

Pojan täyteys
Kolossalaiskirjeen jakeet 1:18–19 ovat Paavalin Poikaa koskevan vakuuttelun huipentuma. Julistamalla, että Kristus on kaikessa ensimmäinen, Paavali painottaa Kristuksen ainutlaatuisuutta, mutta tämän jälkeen hän vie tätä ajatusta vielä paljon pidemmälle yhdistämällä ajatuksen tästä "ensimmäisenä olemisesta" "täyteyteen". Jae Kol 2:9 osoittaa, että täyteys tarkoittaa Jumalan koko olemusta: yksinkertaisesti sanottuna kaikki, mitä Jumala on, on Kristuksessa.

Tämä on luultavasti Paavalin suurin ja tärkein toteamus koskien Poikaa, ja kaikki muu, mitä hän kirjoittaa "kuvasta" ja "muodosta" täytyy ymmärtää jakeiden Kol. 1:19 ja 2:9 valossa.

Kolossalaiskirjeen jae 1:20 osoittaa, että Kristuksessa sisäisesti olevalla Jumalan täyteydellä on käytännöllinen tarkoitus – eikä vain ihmiskunnalle vaan myös "kaikelle" muullekin. Tätä käsitellään kirjoissa *Kadotettujen tavoittaminen* ja *Pelastus armosta*. Tämä osoittaa, että Pojan tunteminen on syvällisesti käytännöllistä pikemmin kuin joutavan teoreettista.

Pojan tunteminen

Jos emme tunne häntä kokemusperäisesti henkilökohtaisena pelastajanamme ja jos emme tunne häntä kokemusperäisesti koko maailman pelastajana, kaikki teoreettinen tietomme on hyödytöntä ajanhukkaa.

Muut ylistyslaulut
Myös jakeita 1. Tim. 3:16 ja Hepr. 1:3 pidetään usein katkelmina alkuseurakunnan ylistyslauluista, jotka juhlistavat Pojan ainutlaatuista elämää.

Ensimmäinen kirje Timoteukselle 3:16
Jae 1. Tim. 3:16 kiteyttää ihmiseksitulon toteamalla, että Jumala ilmestyi ihmisruumiissa. Tämän se tekee panemalla merkille Pojan ja Hengen välisen läheisen yhteyden ihmiseksi tulleessa elämässä (jota käsitellään osassa 6) ja päättämällä ilmoitukseen, että Poika korotettiin kirkkauteen. Tämä Pojan kunniakkaan tulevaisuuden painotus voidaan havaita myös kohdissa Fil. 2:11 ja Hepr. 1:3.

Kirje heprealaisille 1:3
Jae Hepr. 1:3 nostaa esiin vielä erään korkean näkemyksen Kristuksesta. Tämä näkemys painottaa Pojan suhdetta luomakuntaan ja Jumalaan, ja siinä käytetään kahta tärkeää kreikan kielen sanaa havainnollistamaan Pojan suhdetta Isään.

Apaugasma on usein käännetty sanoilla "kirkkaus" tai "kuva", mutta todellisuudessa se tarkoittaa "säteilyä". Se puhuu häikäisevästä kirkkaudesta, joka virtaa säteilevästä valosta. Tässä jakeessa – kuten myös jakeissa Kol 1:15 ja Joh. 1:14 – sitä käytetään osoittamaan, että Jumalan kirkkaus voitiin täydellisesti nähdä hänen Pojassaan.

Charakter on yleensä käännetty sanalla "kuva", mutta se on tekninen sana, johon sisältyy ajatus kuvalaatasta, kuten sinetin leimasimesta, jossa on tarkka kuva jostakin, niin että tuo jokin voidaan jäljentää täsmälleen. Tämä osoittaa sekä sen, että Pojan luonto ja Isän luonto vastaavat tarkalleen toisiaan, että sen, että Pojan ihmiseksitulo on pohjimmiltaan käytännöllistä.

Ainutlaatuinen hahmo

Kuten jakeet Fil. 2:10-11, tämäkin jae viittaa Pojan korottamiseen kertomalla, että hän on "asettunut korkeuksissa istuimelleen Majesteetin oikealle puolelle". Jae osoittaa, että Pojan korottaminen johtui siitä, että hän kantoi syntimme – ja tämä ajatus on epäsuorasti läsnä myös Filippiläiskirjeen viittauksessa Pojan kuuliaisuuteen ristinkuolemassa.

Neljä ylistyslaulua

Nämä neljä "kristologista" ylistyslaulua ovat tärkeitä, sillä ne laajentavat monia niistä käsityksistä, jotka ovat epäsuorasti olemassa Pojan tärkeimmissä uusitestamentillisissa nimityksissä tai nimissä, ja koska ne tekevät kiistattoman selväksi, että Jeesus oli sekä täysin inhimillinen että täysin jumalallinen.

Kun näitä ylistyslauluja tarkastellaan yhdessä, aivan kuten evankeliumejakin tarkastellaan yhdessä, voidaan havaita, että ne yhdistävät Pojan korottamisen tämän nöyrtymiseen ja että ne esittelevät kertakaikkisen ainutlaatuisen hahmon. Sellaisten käsitteiden, kuin Filippiläiskirjeen luvun 2 "Jumalan vertainen", Kolossalaiskirjeen luvun 2 "kuva" ja "täyteys" ja Heprealaiskirjeen luvun 1 jumalallinen "säteily", ansiosta on mahdotonta ajatella, että Poika olisi ollut vain tavallinen ihminen. Ne painottavat sekä Kristuksen yhtä persoonaa että hänen kaksinaista luontoaan.

Vaikka meidän onkin ihmismielellämme lähes mahdotonta ymmärtää tai selittää Pojan ihmiseksitulon salaisuutta ja hänen paradoksaalista kaksinaista luontoaan, meidän tulee aina pyrkiä pitämään yhdessä hänen korottamisensa ja hänen nöyrtymisensä, hänen kirkkautensa ja hänen alhainen asemansa, hänen kuninkuutensa ja hänen palvelijan asenteensa, hänen arvovaltansa ja hänen nöyryytensä, hänen ihmisyytensä ja hänen jumalallisuutensa, hänen oikeudenmukaisuutensa ja hänen armonsa. Ja itse asiassa – jos emme joudu painiskelemaan sen kanssa, että ymmärtäisimme Pojan ainutkertaista luontoa sen koko täyteydessä, emme luultavasti edes tunne häntä kovinkaan hyvin.

Osa 4

Ainutlaatuinen elämä

Neljässä evankeliumissa kerrotaan hyvin ainutlaatuisesta elämästä: Jeesuksen sanat, teot, kuolema ja synnitön täydellisyys tekevät hänestä muihin verrattuna erityisen henkilön, joka oli omana aikanaan kiistojen keskiössä ja jota on juhlittu, kunnioitettu ja herjattu lähes 2000 vuoden ajan.

Raamatun kaikkien erilaisten – Pojan vertauksia, ihmeitä, myötätuntoa, vanhurskasta suuttumusta, ristiinnaulitsemista ja muita käsittelevien – selontekojen joukossa on kolme tapahtumaa, jotka erottuvat muista täysin ainutlaatuisina.

Läpi historian monet muutkin ovat opettaneet elämään jääneitä kertomuksia ja hengellisiä periaatteita, useat ovat tehneet aitoja ihmeitä, jotkut ovat osoittaneet syvää myötätuntoa ja monet ovat joutuneet kokemaan hirvittävän kuoleman. Jeesusta lukuun ottamatta kukaan muu ei kuitenkaan ole siinnyt neitsyestä, noussut kuolleista tai astunut taivaaseen.

Vaikka Uusi testamentti esitteleekin nämä kolme yliluonnollista tapahtumaa todellisina historiallisina tapahtumina, ne ovat monelle uskon kompastuskivi. Monet saattavat kyllä uskoa, että Poika oli hyvä ihminen, että hän teki ihmeitä, jopa että hän oli Jumala – mutta he eivät suostu uskomaan, että hän syntyi neitsyestä, että hän nousi kuolleista ja että hänet otettiin pilven päällä taivaaseen.

Jos Poika halutaan tuntea raamatullisen ilmoituksen koko täyteydessä, hänet täytyy tuntea henkilökohtaisesti – ja häntä täytyy julistaa selkeästi – henkilönä, jonka elämää nämä kolme ainutlaatuista tapahtumaa määrittivät.

Pojan tunteminen

Neitseellinen syntymä

Edellä havaittiin, että Matteus ja Luukas molemmat kertovat Jeesuksen täysin epätavallisesta syntymästä ja että Luukas myös omistaa huomattavan paljon tilaa tälle syntymäkertomukselle. Matteuksen ja Luukkaan tarkasti selvittämät selonteot ovat välttämättömiä sen kannalta, että tämä ainutlaatuinen tapahtuma Pojan elämässä voidaan ymmärtää oikein.

Luukkaan evankeliumi

Jakeissa 1:27–38 Luukas selvittää, että Maria on neitsyt, ja kertoo enkelin ilmoituksesta, jonka mukaan Maria tulisi raskaaksi ja saisi Pojan, jonka nimeksi tulisi Jeesus ja jota kutsuttaisiin myös "Korkeimman Pojaksi" ja josta tulisi Israelin pysyvä kuningas. Tässäkin yksinkertaisessa Pojan esittelyssä yhdistyvät jälleen ihmisyys ja jumalallisuus.

Kun hämmentynyt Maria kysyy, kuinka tämä voi tapahtua, vaikka hän on edelleen neitsyt, enkeli ei ala selostaa yksityiskohtaisesti sitä, miten tuo sikiäminen tapahtuu. Hän vain ilmoittaa, ettei se tapahdu tavallisella inhimillisellä lisääntymistavalla vaan Pyhän Hengen täysin ainutlaatuisen toiminnan vaikutuksesta.

Jakeissa 1:1–4 lääkäri Luukas vakuuttaa, että hän kirjoittaa tapahtumista niiden oikeassa järjestyksessä tutkittuaan alusta alkaen kaiken tarkasti, tarkistettuaan asiat silminnäkijöiltä ja havaittuaan, että ne ovat "varmoja" (vrt. v. 1938 käännös).

Tämä ensimmäisen vuosisadan lääketieteen asiantuntija jatkaa sitten tästä kertomalla Johanneksen sikiämisen ihmeestä sekä Pojan yliluonnollisesta sikiämisestä – jonka hän selittää tapahtuneen Hengen voimasta. Vaikuttaa aivan kuin Luukas sanoisi: "Tiedän, että tämä on epätavallista, mutta usko pois, olen lääkäri, olen tutkinut kaiken tarkasti ja olen tentannut näissä tapahtumissa osallisina olleita henkilöitä ja lupaan sinulle, että asiat tapahtuivat juuri niin kuin niistä kerron."

Ainutlaatuinen elämä

Kertomalla tämän jälkeen Jeesuksen tavanomaisesta inhimillisestä kasvusta, hänen kuuliaisuudestaan vanhempiaan kohtaan ja hänen alati kasvavasta viisaudestaan – jakeissa 2:40 ja 51–52 – Luukas osoittaa, ettei neitseellinen syntymä ole este Jeesuksen ihmisyydelle. Tällä yksinkertaisella tavalla hän painottaa, että Pojassa on sekä jotakin luonnollista että jotakin yliluonnollista.

Koska Luukas esittää Marian neitsyyden ja Jeesuksen neitseellisen syntymän varmoina tosiseikkoina, mekään emme voi muuta kuin hyväksyä niiden olevan totta. Koska kaikkein skeptisimpienkin kriitikoiden on täytynyt tunnustaa, kuinka täysin tarkkoja Luukkaan historialliset, poliittiset, maantieteelliset ja arkeologiset yksityiskohdat ovat, tätä hänen evankeliuminsa osaa ei oikeastaan voida kiistää muiden kuin sokeiden ja järjenvastaisten ennakkoluulojen pohjalta.

Matteuksen evankeliumi
Vaikka, kuten edellä havaittiin, Matteus kertoo Jeesuksen syntymästä Joosefin näkökulmasta ja sivuuttaa pitkälti Marian, hän silti auttaa meitä ymmärtämään neitseellistä syntymää paremmin. Hän esimerkiksi selventää, että:

- Jeesus syntyi Mariasta (eikä siis Joosefista ja Mariasta) – 1:16 (vrt. v. 1938 käännös)

- Maria tuli raskaaksi Pyhän Hengen vaikutuksesta ennen hänen ja Joosefin "yhteenmenoa" – 1:18 ja 20 (vrt. v. 1938 käännös)

- Joosef ei "koskenut" vaimoonsa ennen kuin tämä oli synnyttänyt – 1:25

- nämä tapahtumat täyttivät Jesajan kirjan jakeen 7:14 profetian neitsyestä, joka tulee raskaaksi ja synnyttää Pojan, Emmanuelin – 1:23.

Jotkut ihmiset huomauttavat, että sana *parthenos* tarkoittaa sanatarkasti "nuorta naista" pikemmin kuin "neitsyttä". Matteus tekee kuitenkin erittäin selväksi, että Maria oli koskematon,

Pojan tunteminen

naimaton nainen, minkä vuoksi onkin oikein kääntää sana *parthenos* "neitsyeksi".

Markuksen ja Johanneksen evankeliumit

Edellä jo havaittiin, että Markus sivuuttaa Pojan syntymän ja alkaa heti kertoa tämän palvelemisesta ja että Johannes selventää vain Pojan taivaallisen alkuperän.

Ainoa Pojan syntymään liittyvä lisäselvitys, jonka Markus antaa, löytyy jakeesta 6:3, jossa hän kertoo, että Nasaretin asukkaat kutsuivat Jeesusta "Marian pojaksi" – mikä oli tavanomaisen juutalaisen perinteen vastaista.

Monet ovat sanoneet tämän viittaavan siihen, että Joosef menehtyi hyvin varhaisessa vaiheessa, mutta Johanneksen evankeliumin jae 6:42 kumoaa tämän. Onkin todennäköisempää, että ihmisten kommentit Markuksen evankeliumin jakeessa 6:3 viittaavat epätavalliseen syntymään – aivan samoin kuin myös Johanneksen evankeliumin jakeessa 8:41.

Johanneksen toteamus jakeessa 1:14 lihaksi tulleesta Sanasta, joka asui keskellämme, ei selitä, kuinka tämä hämmästyttävä asia tapahtui, mutta selvästi täytyy olla olemassa jonkinlainen tapa, jolla hahmo, joka on ollut olemassa ennen kaikkea muuta, voi tulla ihmiseksi.

Vaikka Johannes ei selitä, kuinka Jeesus sikisi ja syntyi, hän opettaa paljon hengellisestä syntymisestä. Monet hengelliset johtajat ajattelevatkin, että Johanneksen evankeliumin jakeiden 1:12–13 sijainti juuri ennen jaetta 1:14 on merkityksellinen ja että on olemassa jonkinlainen yhteys Jeesuksen syntymätavan ja sen tavan välillä, jolla uskovat syntyvät uudesti.

Johannes myös käyttää samaa (tavalliseen fyysiseen syntymiseen viittaavaa) verbiä *gennao* useassa kohtaa luvussa 3 – missä Jeesus toteaa, että hän tuli alas taivaasta, ja liittää tämän ja Hengestä syntymisen yhteen.

Johannes käyttää sanaa *gennao* myös jakeissa 1. Joh. 2:29, 3:9, 4:7 sekä 5:4 ja 18. Tästä voidaan päätellä, että Kristuksen

Ainutlaatuinen elämä

ihmiseksitulo voidaan jollakin tapaa rinnastaa siihen, että Kristus on sisäisesti niissä, jotka ovat syntyneet Hengestä.

Paavalin kirjoitukset
Jotkut tutkijat ovat sitä mieltä, ettei Paavali uskonut neitseelliseen syntymään, koska hän ei mainitse sitä kirjeissään. Jonkin väitteen perustaminen vaikenemiselle ei kuitenkaan koskaan ole kovin vakaalla pohjalla. Jos tätä perustelua käytetään johdonmukaisesti, tarkoittaisi se sitä, ettei Paavali uskonut moniinkaan Vanhan testamentin profeettoihin tai kuninkaisiin eikä suureen osaan kirjoituksista.

Vaikka Paavalin kirjeissä ei olekaan yksiselitteisiä viittauksia Jeesuksen neitseelliseen syntymään, niissä vihjataan siitä useilla eri tavoilla. Tärkeimpiä näistä on se, että jakeissa Room. 1:3, Gal. 4:4 ja Fil. 2:7 Paavali ei käytä syntymisestä tavallista verbiä *gennao*, vaan vaikeasti käännettävää verbiä *genomenos*, joka tarkoittaa "tulla olevaksi" pikemmin kuin "syntyä".

Ainoa looginen selitys tälle johdonmukaisesti käytetylle ja merkittävälle korvaavalle sanalle on se, että Paavali pyrki tekemään eron Jeesuksen "olevaksi tulemisen" ja tavanomaisen inhimillisen syntymisen välillä.

Neitseellisen syntymän tarkoitus
Jotkut uskovat väittävät, että Jeesuksen täytyi syntyä neitsyestä, jotta hän kykeni olemaan vapaa perisynnistä. Tämä kuitenkin epäsuorasti vahvistaa perisynnittömän sikiämisen opin, jonka mukaan Maria oli jotenkin säilynyt tahrattomana perisynnistä – mikä ei ole oppi, jonka Raamattu todistaisi oikeaksi. On syytä muistaa, että juuri Hengen osallisuus sikiämisessä takasi Jeesuksen synnittömyyden – ei Marian seksuaalinen puhtaus.

Toiset väittävät, että ajatus ihmiseksitulosta vaatii neitseellisen syntymän tai muuten Jeesus olisi ollut vain tavallinen ihminen. Mutta eikö Jumala olisi varmasti kyennyt toteuttamaan ihmiseksitulon monilla muillakin tavoilla? Jotkut taas ovat sanoneet, että neitseellinen syntymä oli

Pojan tunteminen

välttämätöntä sen osoittamiseksi, että Jeesuksen isä oli Jumala, ei Joosef.

Varmaksi voidaan sanoa vain se, että neitseellinen syntymä painottaa merkittävällä tavalla Pojan ainutlaatuisuutta ja että se on täysin sen henkilön luonnon mukaista, joka tulee ihmiseksi vaikka onkin Jumalan vertainen.

Ihmiseksi tulemiseen ja neitseelliseen syntymään tulee aina liittymään jotakin salattua, sillä aidosti ainutlaatuisiin tapahtumiin liittyy aina jotakin salattua. Vaikka Pojan syntymistä neitsyestä ei mainitakaan kovin usein alkuseurakunnan kirjeissä, tämä ei vähennä sen suurta merkitystä.

Ylösnousemus

Jeesuksen ristiinnaulitsemisen jälkeen opetuslapset olivat murtunut joukko ihmisiä, jotka olivat valmiita palaamaan vanhoihin koteihinsa ja vanhoihin elämiinsä. Tämän jälkeen tapahtui kuitenkin jotakin, mikä vakuutti heidät siitä, että Jeesus oli elossa ja että heillä oli sanoma, joka voisi muuttaa maailman.

Niiden skeptikkojen, jotka eivät usko, että Poika nousi kuolleista, täytyy jotenkin kyetä selittämään tämä täydellinen mielenmuutos ja se, että opetuslapset julistivat pelottomasti evankeliumia – huolimatta heidän kohtaamastaan ankarasta vastustuksesta. Kristityille juuri Jeesuksen fyysinen ylösnousemus on ilmeinen selitys tälle äkilliselle asenteen ja toimintatavan muutokselle.

Apostolien tekojen jakeissa 2:24 ja 36 ensimmäiset kristityt julistajat ilmoittivat, että se, jonka juutalaiset olivat ristiinnaulinneet, oli noussut kuolleista ja että Jumala oli tehnyt hänestä sekä Herran että Kristuksen. Jotain sellaista oli täytynyt tapahtua, joka oli saanut tämän varmuuden aikaan, ja Uuden testamentin kirjoittajat vakuuttavat yksimielisesti, että tämä jokin oli Jeesuksen fyysinen ylösnousemus.

Kaikki ylösnousemuksen eri todisteet käydään läpi kirjassa *Kadotettujen tavoittaminen*. Siinä myös osoitetaan, kuinka ylösnousemuksen kieltävien henkilöiden vastaväitteisiin voi-

Ainutlaatuinen elämä

daan vastata. Ylösnousemus oli niin tärkeä alkuseurakunnalle, että Apostolien tekojen jakeessa 1:22 ehdokkaiksi Juudaksen tilalle kelpasivat vain ylösnousemuksen silminnäkijät. Tämän jälkeen läpi koko Apostolien tekojen juuri ylösnousemus oli päällimmäisenä esillä seurakunnan julistuksessa ja opetuksessa: esimerkiksi kohdissa 3:15 ja 26, 4:2, 10 ja 33, 5:30, 10:40, 13:37, 17:31 sekä 25:19.

Ennalta ilmoitettu ylösnousemus
Matteus, Markus ja Luukas kertovat, että Jeesus ilmoitti ennalta kuolemansa kolme kertaa ja että hän liitti sen lupaukseen ylösnousemuksesta, joka tapahtuisi kolme päivää kuoleman jälkeen. Tämä havaitaan kohdissa Matt. 16:21, 17:22–23, 20:19; Mark. 8:31, 9:31, 10:34 ja Luuk. 9:22 sekä 18:32–34.

Se tosiseikka, että Jeesus ilmoitti tämän asian useita kertoja, antaa ymmärtää hänen tienneen, etteivät opetuslapset ymmärtäisi tätä ajatusta helposti. Opetuslasten ongelma tuntuu olevan, että heillä oli väärä käsitys Jeesuksen tehtävästä. Luukkaan evankeliumin jae 24:21 osoittaa, että heidän toiveensa kohdistuivat aineelliseen valtakuntaan, ja juuri nämä toiveet ristiinnaulitseminen murskasi.

Kaikki opetuslapset Johannesta lukuun ottamatta hylkäsivät Jeesuksen ristiinnaulitsemisen yhteydessä, ja näyttää siltä, etteivät he olleet ristin luona. Heillä ei ollut uskoa Jeesuksen tehtävän hengelliseen tarkoitukseen, eivätkä he muistaneet, että Jeesus oli ilmoittanut edeltä kuolemansa ja ylösnousemuksensa. Evankeliumit osoittavat, että ajatus kärsivästä Messiaasta ei ollut hyväksyttävä juutalaisille mutta ei myöskään opetuslapsille, joten ei olekaan yllättävää, että opetuslapset pakenivat, kun Jeesus ristiinnaulittiin.

Ylösnousemuksen jälkeen
Raamattu ei koskaan selitä, kuinka Jumala toimii luovasti, sillä me emme voi tuntea – emmekä koskaan kykene edes ymmärtämään – hänen jumalallisia prosessejaan. Tämän vuoksi evankeliumienkaan kirjoittajat eivät pyri selittämään,

Pojan tunteminen

kuinka Jumala nosti Jeesuksen kuolleista, vaan he ainoastaan kertovat, että:

◆ hauta oli tyhjä – Matt. 28:1–15; Mark. 16:4–11; Luuk. 24:2–4 ja 12 sekä Joh. 20:1–10

◆ ylösnoussut Herra ilmestyi yksittäisille opetuslapsille, pienille joukoille opetuslapsia ja jopa väkijoukolle, jossa oli 500 henkeä paikalla – Matt. 28:9 ja 16–20; Mark. 16:9, 12 ja 14; Luuk. 24:13–53; Joh. 20:14–29, 21:1–23; Ap. t. 1:3 ja 4–8 sekä 1. Kor. 15:6.

Kuten todetaan kirjassa *Kadotettujen tavoittaminen*, niiden ihmisten, jotka kieltäytyvät uskomasta ylösnousemukseen, täytyy tarjota jokin vaihtoehtoinen selitys *molemmille* näistä tosiseikoista. Ne, joiden mukaan ilmestymiset olivat hallusinaatiota, eivät kykene selittämään tyhjää hautaa, ja ne taas, jotka väittävät haudan olleen tyhjä huijauksen seurauksena, eivät kykene selittämään ylösnousseen Jeesuksen ilmestymisiä.

Ylösnousseen Pojan ilmestymiset vahvistivat hänen ylösnousemuksensa ja tarjosivat hänelle joukon tilaisuuksia opettaa opetuslapsilleen valtakunnasta oman ylösnousemuksensa valossa.

Ylösnousemuksen julistaminen
Ensimmäisen Korinttolaiskirjeen jakeissa 15:3–11 apostoli Paavali sanoo, että hän on "saanut vastaanottaa":

◆ sen tosiseikan, että Kristus on kuollut

◆ Kristuksen kuoleman hengellisen tulkinnan ja sovelluksen

◆ hautauksen ja ylösnousemuksen

◆ ylösnousemuksen jälkeiset ilmestymiset

◆ raamatullisen vahvistuksen ylösnousemuksesta.

Paavali luettelee ilmestymiset todistaakseen ylösnousemuksen todeksi, kertoo omasta kokemuksestaan ja soveltaa

Ainutlaatuinen elämä

tätä sitten yleiseen julistukseensa ja sovellukseensa ylösnousemuksesta jakeissa 15:12–58. Näissä jakeissa hän vakuuttaa, että kristillinen usko olisi turhaa, jos Kristus ei olisi noussut kuolleista. Paavalille ylösnousemus on keskeinen asia sekä hänen uskossaan ja ajattelussaan että hänen kokemuksessaan.

Ylösnousemus on läsnä kaikissa Paavalin opetuksissa. Esimerkiksi hänen kirjeessään roomalaisille ylösnousemus:

◆ todistaa Jeesuksen Pojan asemasta – 1:4

◆ liittyy vanhurskauttamiseen – 4:24–25

◆ liittyy pelastukseen – 5:10

◆ liittyy kasteeseen ja mahdollisuuteen saada uusi elämä – 6:3

◆ liittyy Henkeen – 8:11

◆ on tae Jeesuksen taivaaseenastumisesta – 8:34.

Paavalin muut kirjeet vahvistavat ylösnousemuksen ja myös julistavat sitä – esimerkiksi Gal. 1:1; Ef. 1:20; Fil. 3:10; Kol. 2:12, 3:1 ja 1. Tess. 1:10. Paavalille Pojan ylösnousemus oli kiistaton historiallinen tosiseikka ja olennainen osa hänen julistustaan.

Paavalin, kuten meidänkin, täytyi oppia ylösnousemuksesta muilta, mutta Pietari oli sen silminnäkijä, ja – jakeissa 1. Piet. 1:3 ja 21–22 – hän osoittaa, miten se liittyy uudestisyntymiseemme ja luottamukseemme Jumalaan. Pietari kirjoitti pääasiassa vainotuille ja kärsiville uskoville, ja hän lupaa heille, että heidän kärsimyksensä vaihtuvat vielä ylösnousseen Kristuksen kirkkauteen. Pietarille ylösnousemuksen todellisuus on toivon olennainen perusta. Apostoli Johanneskin oli ylösnousemuksen silminnäkijä, ja ylösnoussut Kristus onkin hänen Ilmestyskirjansa keskiössä – tämä havaitaan esimerkiksi jakeissa 1:5 ja 17–18.

Kirjassa *Pelastus armosta* opitaan, että ylösnousemus on todiste siitä, kuka Jeesus on ja mitä hän on saanut ristillä aikaan. Jos tätä pohdiskellaan syvällisesti, pitäisi kyetä

Pojan tunteminen

havaitsemaan, että Pojan kaksinainen luonto on riippuvaista siitä, että ylösnousemus on todellinen tapahtuma.

Ilman ylösnousemusta Pojan pitäisi olla joko jumalallinen henkilö, joka ei koskaan todella tullut ihmiseksi ja joka ei kuollut, tai inhimillinen henkilö, joka ei ollut jumalallinen, joka kuoli ja joka ei noussut kuolleista. Ainoastaan ylösnousemus takaa Kristuksen kaksinaisen luonnon, ja tästä syystä se onkin ehdottoman olennaista ymmärryksellemme Pojasta ja keskeistä kristilliselle uskollemme.

Ylösnousemusta ei voida ymmärtää muuksi kuin Jumalan yliluonnolliseksi teoksi. Vaikka Jeesus sanookin Johanneksen evankeliumin jakeessa 10:18, että hänellä on valta antaa elämänsä ja ottaa se takaisin, Uudessa testamentissa ei missään kohtaa anneta ymmärtää, että ylösnousemus olisi ollut Kristuksen itsenäinen, riippumaton teko.

Ylösnousemuksen taustalla vaikuttava voima oli Jumalan voima: ylösnousemus oli jumalallisen voiman suurin mahdollinen ilmentymä; se oli teko, joka kukisti kuoleman ja voitti täydellisesti kaiken turmeltuneisuuden. Nostamalla Poikansa kuolleista elämään Jumala antoi ihmiskunnalle tien kuolemasta elämään – ja tästä syystä ylösnousemus on ehdottoman olennainen osa Jumalan suunnitelmaa meidän pelastamiseksemme.

Ylösnousemukseen liittyy kuitenkin muutakin. Se nimittäin ilmaisee Jumalan tyytyväisyyden siihen, mitä Kristus teki ristillä, ja puhdistaa Kristuksen toiminnan epäilyksistä. Jos Kristus ei olisi noussut kuolleista, ei olisi mitään näkyvää todistetta siitä, että hänen kuolemansa sai mitään aikaan.

Tämän lisäksi Jeesuksen ylösnousemuksesta on riippuvaista myös varmuutemme siitä, että Jeesus edelleen pitää meistä huolta nykyäänkin ja edelleen rukoilee puolestamme. Hänen korotettu asemansa, hänen uusi nimensä, hänen ennalleen palautettu tilansa ja hänen toimintansa nykyään – kaikki nämä ovat riippuvaisia hänen ylösnousemuksestaan. Kuten Paavali toteaa, ilman Pojan ylösnousemusta uskomme olisi merkityksetöntä ja toivomme olisi turhaa.

Ainutlaatuinen elämä

Taivaaseenastuminen

Kolmas ainutlaatuinen tapahtuma Pojan maanpäällisessä elämässä oli hänen taivaaseenastumisensa: tämä täydensi hänen ylösnousemuksensa ja pani alulle hänen korottamisensa. Kohdissa Mark. 16:19 ja Luuk. 24:50-51 kerrotaan Jeesuksen poistumisesta maan päältä ja hänen ottamisestaan taivaaseen, mutta niissä pikemminkin vihjataan taivaaseenastumisesta kuin ilmoitetaan se. Matteus tai Johannes eivät sitä vastoin kumpikaan mainitse Jeesuksen poistumista maan päältä, mutta Johanneksen evankeliumin jakeissa 3:13, 6:62 ja 20:17 Jeesuksen taivaaseenastuminen kuitenkin ilmoitetaan edeltä hyvin selkeästi.

Apostolien tekojen kohta 1:1-11 on täydellisin selonteko taivaaseenastumisesta. Tämä kohta osoittaa, että Poika jatkoi ylösnousemuksen todeksi osoittamista "kiistattomin todistein" 40 päivän ajan ja opetuslasten opettamista valtakunnasta. Tämän jälkeen hän käski heitä jäämään Jerusalemiin, kunnes heidät kastettaisiin Pyhällä Hengellä. Itse taivaaseenastuminen on kuvattu jakeessa 9.

Pietarin ensimmäinen saarna Apostolien tekojen jakeissa 2:14-36 osoittaa, kuinka opetuslapset ymmärsivät taivaaseenastumisen. Jakeissa 33-34 Pietari sanoo, että Jumala on korottanut Jesuksen oikealle puolelleen ja että – sen seurauksena – Henki on vuodatettu. Tämän jälkeen Pietari lainaa Psalmin 110 jaetta 1 sanomansa tueksi, sillä – toisin kuin kuningas Daavid –, Jeesus oli astunut taivaaseen.

Myöhemmin Apostolien tekojen jakeissa 3:21 ja 5:31 Pietari jälleen kertoo Pojasta taivaaseen korottamisen näkökulmasta. Paavali taas vahvistaa taivaaseenastumisen sekä suoraan että epäsuorasti – esimerkiksi jakeissa Room. 10:6-7; Ef. 1:20, 4:9-10; Kol. 3:1; 1. Tess. 1:10; 2. Tess. 1:7; Fil. 3:20 ja 1. Tim. 3:16.

Heprealaiskirjeessä taivaaseen astuneeseen Kristukseen keskitytään enemmän kuin missään muussa Raamatun osassa. Jeesus esitellään aina sellaisena, joka istuu korkeuksissa Majesteetin oikealla puolella, ja tämä taivaaseen korottaminen

Pojan tunteminen

ja sen seuraukset voidaan nähdä jakeissa 1:3, 4:14, 5:6, 6:20, 7:15–17, 21 ja 26, 8:1, 9:24, 10:12 sekä 12:2.

Taivaaseenastumiseen viitataan myös jakeissa 1. Piet. 3:18–22, ja se on lisäksi perusolettamus kaiken Ilmestyskirjassa kuvatun taivaallisen toiminnan taustalla.

Jeesuksen taivaaseenastumiseen liittyen voidaan sanoa, että sen tärkeys tulee pikemminkin sen merkityksestä kuin itse tapahtumasta. Se oli esimerkiksi:

- ylösnousemuksen täydentävä tekijä – ylösnousseena kuoleman voittajana Jeesus oli ensihedelmä kansansa keskellä; mutta taivaaseen astuneena Poikana hän muutti ylösnousemusriemun korotetuksi toiminnaksi kansansa puolesta.

- korottamisen ja kruunaamisen alku – jakeet Fil. 2:9–11 korostavat taivaaseenastumisen tärkeitä vaikutuksia nykyhetkelle ja tulevaisuudelle; Pojan tämänhetkinen kruunattu asema on valtava syy sille, miksi meillä voi olla toivoa ja rohkaisua.

- taivaallisen esirukouksen aloitus – Kristuksen työ välimiehenä Jumalan ja ihmiskunnan välillä oli riippuvaista välimiehen menemisestä taivaaseen, aivan kuten juutalaisen ylipapin esirukousten luonto oli riippuvaista siitä, että ylipapilla oli pääsy kaikkeinpyhimpään.

- jumalallisen toiminnan täyttymys – Pojan maanpäällinen toiminta, joka alkoi neitseellisestä syntymästä, päättyi taivaaseenastumiseen: inkarnaatiossa, ihmiseksitulossa, täysin jumalallinen Poika tuli ihmiseksi ja hänestä tuli täysin inhimillinen; taivaaseenastumisessa taas täysin jumalallinen, täysin inhimillinen Poika palasi Isän luo.

Taivaaseenastumisessa Poika vei Isän läsnäoloon todisteen ihmisten pelastuksesta (hänen "kyllä"-vastauksensa Jumalalle, hänen täydellisen kuuliaisuutensa jopa kuolemaan ristillä).

Ainutlaatuinen elämä

Koska taivaaseenastuminen oli Jumalan alulle panemaa, sen voidaan ajatella olevan Jumalan sinetti koko Pojan toiminnalle. Kaiken täyttäminen – Efesolaiskirjeen jakeiden 4:8–10 (vrt. v. 1938 käännös) mukaan juuri tämä oli taivaaseenastumisen tarkoitus. Se, että Kristus täytti kaiken, tarkoittaa sitä, että hän kokosi kaiken omaan täydellisyyteensä, eikä tätä voinut saada aikaan kukaan muu kuin korotettu Poika. (Mielenkiintoista on, että Efesolaiskirjeen jakeissa 1:22–23 Paavali liittää tämän täyteyden siihen, että Kristus on kaiken pää. Kristuksen täyteys on se, että hänen kirkas ja voitokas läsnäolonsa täyttää maailmankaikkeuden, mikä taas – kuten kirjassa *Jumalan kirkkaus seurakunnassa* opitaan –, ilmenee ensisijaisesti ja pääosin seurakunnassa, kun hänen arvovaltansa tunnistetaan ja tunnustetaan.)

Pyhän Hengen lahjan ja lahjojen antaminen – Johanneksen evankeliumin jakeessa 7:39 Jeesus totesi, että Henki annettaisiin vasta hänen kirkastamisensa jälkeen, ja juuri tämän Efesolaiskirjeen jae 4:8 kertoo Psalmin 68:18 pohjalta. Tämän vuoksi helluntai saattoi tapahtua vasta taivaaseenastumisen jälkeen, ja Apostolin tekojen jakeen 2:33 tapahtumat ovatkin suoraa seurausta taivaaseenastumisesta.

Pääsyn avaaminen uskoville – kun Poika sai taivaaseenastumisen yhteydessä pääsyn Isän luo, hän samalla lunasti tämän oikeuden kaikille, jotka ovat yhtä hänen kanssaan. Tämän vuoksi Jeesuksen taivaaseenastuminen onkin yksi niistä mahtavista syistä, joiden vuoksi kristityillä voi olla toivo ja varmuus.

Uuden ajan alkaminen – seurakunnan tämänhetkistä aikaa kehystää kaksi ainutlaatuista tapahtumaa: se alkoi Pojan taivaaseenastumisesta ja päättyy hänen paluuseensa – tämä yhteys nähdään Apostolien tekojen jakeessa 1:11.

Seurakunnan tämänhetkinen aika on ylösnousseen ja korotetun Pojan aikaa – Pojan, joka on meidän välimiehemme ja esirukoilijamme. Tietoisuutemme Pojan korottamisesta ja paluusta täytyy muovata sitä, miten ymmärrämme niin seurakunnan menneisyyttä kuin myös kaikkia nykyisiä

Pojan tunteminen

tapahtumia – sillä Raamatun mukaan nykyisyys liittyy erottamattomasti tulevaisuuteen. Tätä tarkastellaan osassa 9.

Osa 5

Ainutlaatuinen tehtävä

Lähes jokaisessa tämän *Hengen miekka* -kirjasarjan kirjassa on tarkasteltu vähintään yhtä Pojan ainutlaatuisen tehtävän puolista. Esimerkiksi kirjassa:

◆ *Toimiva rukous* tarkastellaan sitä, mikä rooli Isälle kohdistetuilla rukouksilla oli Jeesuksen maanpäällisessä elämässä

◆ *Hengen tunteminen* havaitaan, kuinka Jeesus oli toiminnassaan täysin riippuvainen Pyhän Hengen johdatuksesta ja voimasta – ja kuinka hän voitelee meidät Hengellä

◆ *Jumalan hallintavalta* tarkastellaan Pojan opetuksia Jumalan valtakunnasta

◆ *Elävä usko* luodaan silmäys hänen uskoonsa ja käsitellään sitä, kuinka hän käytti Jumalan Sanaa

◆ *Palveleminen Hengessä* tutkitaan, millä tapaa Jeesus lohdutti ja neuvoi ihmisiä, ajoi ulos riivaajia, paransi sairaita ja puhui profeetallisella arvovallalla

◆ *Isän tunteminen* keskitytään hänen suhteisiinsa kolmiyhteisessä Jumalassa ja hänen palvelevaan kumppanuuteensa Isän kanssa

◆ *Kadotettujen tavoittaminen* keskitytään hänen evankelioimistyöhönsä ja havaitaan, kuinka hän julisti Jumalan hyvää sanomaa sanoilla, teoilla ja täydellisellä elämällä

◆ *Jumalan kuunteleminen* havaitaan, kuinka Poika osasi erottaa maanpäällisessä toiminnassaan, mitä hänen

Pojan tunteminen

piti sanoa ja tehdä

◆ *Pelastus armosta* keskitytään Jeesuksen sovituskuolemaan ja ymmärretään, että hän kuoli voittaakseen saatanan, pelastaakseen syntiset, ilmoittaakseen Jumalan pyhän luonnon ja antaakseen Jumalan uuden elämän pelastetulle ihmiskunnalle.

Evankeliumit
Kaikki neljä evankeliumia – Matteuksen evankeliumin ensimmäisestä jakeesta Johanneksen evankeliumin viimeiseen jakeeseen – ovat Hengen innoittamaa ja Hengen johdatuksessa kirjoitettua selontekoa Pojan toiminnasta ja tehtävästä. Jos siis haluamme vilpittömästi tuntea Pojan, meidän täytyy imeä itseemme neljää evankeliumia: meidän täytyy lukea niitä yhä uudelleen ja uudelleen, opiskella ja mietiskellä niitä ja antaa Jumalan Pyhän Hengen paljastaa meille Jumalan henkilökohtaista Sanaa Jumalan kirjoitetun Sanan kautta.

Kuten edellä havaittiin, neljä evankeliumia eivät kuitenkaan ole keskenään identtisiä. Ne kaikki tarjoavat hieman erilaisen mutta täysin toisiaan täydentävän näkökulman Pojan ainutlaatuiseen tehtävään.

Matteus esimerkiksi korostaa yleensä sitä totuutta, että Jeesus tuli perustamaan Jumalan valtakunnan ja voittamaan pimeyden pahat vallat. Matteuksen evankeliumissa painotetaankin, että Pojan tehtävään sisältyi *saatanan kukistaminen*.

Markus painottaa sitä totuutta, että Jeesus tuli kärsiväksi palvelijaksi, joka ottaa kantaakseen Jumalan vihan syntiä kohtaan, ja joka tuli sovittamaan ihmiset Jumalan kanssa. Markuksen evankeliumissa painotetaankin, että Pojan tehtävään sisältyi *syntisten pelastaminen*.

Luukas vaikuttaisi näkevän paljon vaivaa osoittaakseen, että Jeesus tuli olemaan malliesimerkki jokaiselle miehelle ja naiselle. Kuolemalla päivittäin itselleen ja lihan himoille hän tuli osoittamaan ihmisille, kuinka heidän tulisi elää ja

Ainutlaatuinen tehtävä

kuolla. Luukkaan evankeliumissa painotetaankin, että Pojan tehtävään sisältyi *täydellisen ihmiselämän eläminen*.

Johannes taas paljastaa, että Jeesus tuli osoittamaan maailmalle, millainen Jumala on, ilmoittamaan ja toistamaan Isän luonnon ja olemaan täydellinen ilmoitus elävästä Jumalasta. Johanneksen evankeliumissa painotetaankin, että Pojan tehtävään sisältyi *Jumalan oman uuden elämän antaminen ihmiskunnalle*.

On tietenkin totta, että kun evankeliumeja tutkitaan tarkasti, Jeesuksen tehtävän jokainen puoli voidaan nähdä jokaisessa evankeliumissa – mutta jokaisella kirjoittajalla on kuitenkin taipumus korostaa erityisesti juuri yhtä Jeesuksen tehtävän puolta. Kaikki evankeliumit myös osoittavat, että Jeesus täytti tehtävänsä jokaisen puolen sekä elämässään *että* kuolemassaan.

Tässä osassa tarkastellaan Pojan toimintaa ja tehtävää hänen elämänsä kautta – ja osassa 8 taas tutkitaan evankeliumien selontekoja hänen kuolemastaan. Se, mitä hän kuolemallaan täytti, on kuitenkin niin tärkeä ja laaja aihe, että sen tutkimiseen on tässä kirjasarjassa omistettu kokonainen kirja, *Pelastus armosta*. Kuten tämän kirjan johdannossa sanotaan, jos Poika halutaan tuntea raamatullisen ilmoituksen koko täyteydessä, täytyy syventyä sekä kirjaan *Pojan tunteminen* että kirjaan *Pelastus armosta*.

Pojan kaste

Uskoville kaste on osa kääntymystä Kristuksen puoleen ja tulemista osaksi hänen ruumistaan. Pojalle kaste oli kuitenkin pyhittäytymistä – se oli täydellinen samastuminen ihmisten tilaan ja täydellinen antautuminen jumalalliseen tahtoon.

Pojan uskalias tehtävä pelastaa ja lunastaa syntiin langennut ihmiskunta alkoi hänen kasteestaan ja hänen kohtaamistaan kiusauksista. Näistä on kerrottu kohdissa Matt. 3:13–4:11; Mark. 1:9–13; Luuk. 3:21–22, 4:1–14 ja Joh. 1:29–36.

Kun näitä selontekoja tarkastellaan, Jeesuksen toiminnan aloitusta voidaan katsoa useista eri näkökulmista. Voidaan

Pojan tunteminen

esimerkiksi havaita, että Poika tuli Jordanille ollakseen kuuliainen Isälle ja antautuakseen hänen tahtoonsa ja että sitten, antauduttuaan ja oltuaan kuuliainen, hän jatkoi eteenpäin omistaen vallan hallita saatanaa.

Jos kastetta kuitenkin tarkastellaan toisesta näkökulmasta, voidaan *lisäksi* havaita, että Jeesus tuli Jordanille valmiina ottamaan alhaisen aseman ja olemaan inhimillisen serkkunsa palveltavana. Tämän jälkeen Poika lähti autiomaahan enkelten palveltavaksi, olemaan villieläinten kanssa ja valmistautumaan uhrautuvaa palvelemista varten.

Jos tuota samaa tapahtumaa tarkastellaan vielä kolmannesta näkökulmasta, voidaan sanoa, että Jeesus tuli Jordanille *myös* tullakseen voidelluksi Pyhällä Hengellä. Poika jätti jälkeensä perheensä, ystävänsä, työnsä, turvansa ja omaisuutensa ja antoi itsensä ehdoitta Isän käyttöön. Sitten, sen jälkeen kun hänet oli voideltu Hengellä, hän seurasi Henkeä autiomaahan, valmiina johtamaan ihmisiä ja kutsumaan heitä seuraamaan itseään.

Viimeisenä voidaan lisäksi havaita, että Jeesus tuli Jordanille "Jumalan Karitsana" osoittaakseen ihmisille, millainen Jumala todellisuudessa on. "Karitsana" Poika meni veteen vertauskuvana kuolemasta, ja hän nousi vedestä voidakseen alkaa tarjota uutta "ylösnousemuselämää" koko ihmiskunnalle.

Aina kun tarkastellaan (tai julistetaan) mitä tahansa Pojan tehtävän puolta, nämä eri näkökulmat täytyy yrittää pitää mielessä – sillä kaikki ne ovat totta ja raamatullisia. Jos toistuvasti sivuutamme jonkin painotuksen tai jatkuvasti painotamme vain jotakin toista, emme tunne Poikaa (tai tee Poikaa tunnetuksi muille) raamatullisen ilmoituksen koko täyteydessä.

Jonkin yksittäisen saarnan tai tilanteen yhteydessä on tietenkin yleensä oikein painottaa jotakin yhtä näkökulmaa enemmän kuin jotakin toista, mutta meillä täytyy olla täydellinen raamatullinen kuva Pojan ainutlaatuisesta toiminnasta ja tehtävästä, jos haluamme tuntea Pojan ja julistaa häntä sellaisena kuin hänet on meille Sanassa ilmoitettu.

Ainutlaatuinen tehtävä

Jeesuksen kasteen profeetalliset vaiheet
Jeesuksen kasteessa vaikuttaisi olevan useita eri vaiheita:

◆ Jeesus mene veden alle

◆ hän nousee vedestä

◆ hän seisoo ja rukoilee

◆ taivaat avautuvat ja Henki laskeutuu hänen päälleen.

Tämä profeetallinen järjestys "kuolema" – "ylösnousemus" – "rukous" – "voitelu Hengellä" on havaittavissa läpi Jeesuksen maanpällisen toiminnan. Voidaan esimerkiksi sanoa, että Poika kuoli joka päivä itselleen, että hän eli aina voittoisaa ylösnousemuselämää, että hän valmistautui aina kaikkeen rukouksin ja että Pyhä Henki aina vahvisti, johdatti ja valtuutti häntä kaikilla hänen toimintansa osa-alueilla.

Tämä profeetallisten vaiheiden järjestys täyttyi sitten täydellisesti Pojan kuolemassa ristillä, hänen ylösnousemuksessaan kuolleista, hänen rukouksissaan opetuslastensa ja Pyhän Hengen tulemisen puolesta ja tavassa, jolla hän vuodatti Hengen helluntaina varustaakseen seurakunnan palvelemaan.

Jälleen kerran voi helposti käydä niin, että keskitymme vain yhteen näistä "vaiheista" ja vain yhden vaiheen soveltamiseen nykyuskovien elämään. Vaikka onkin kiistatta oikein painottaa esimerkiksi rukouksen merkitystä, ei ole oikein antaa ymmärtää, että rukous olisi kaikki kaikessa. Jeesus valmistautui kaikkeen rukoillen, mutta hän ei pelkästään rukoillut Isää vaan suoritti myös tehtävän, jonka Isä oli hänelle antanut.

Samaan tapaan on myös täysin oikein korostaa, kuinka ehdottoman tärkeää Hengen voitelu on, mutta ei ole oikein antaa sellaista vaikutelmaa, etteikö millään muulla olisi merkitystä. Jeesus oli kyllä riippuvainen Hengen voitelusta, valtuutuksesta ja yhteydestä, mutta lisäksi hän kuoli itselleen, rukoili Isää, voitti saatanan, palveli muita ihmisiä ja niin edelleen.

Pojan tunteminen

Ja vaikka meidän nykyään tuleekin painottaa itselle kuolemisen tärkeyttä, emme saa antaa ymmärtää, että se olisi kristillisen opetuslapseuden "kaikki kaikessa". Jeesus kyllä kuoli itselleen päivittäin, selvisi voittajana kaikista lihan himoista ja voitti jokaisen demonisen kiusauksen, mutta hänen elämänsä ei koskaan ollut negatiivista, sillä hän eli myös yltäkylläistä, voideltua ja rukoilevaa "ylösnousemuselämää", joka oli täynnä iloa ja elinvoimaa.

Nämä Pojan kasteen "profeetalliset vaiheet" ovat kaikki raamatullisia painotuksia, ja niiden kaikkien juuret ovat tiukasti Pojan tehtävässä. Ne eivät kuitenkaan ole itsenäisiä tai toisiaan pois sulkevia painotuksia. Voidaankin itse asiassa sanoa, että Pojan tehtävä oli ainutlaatuinen osittain siksi, koska niin monet toisiaan täydentävät puolet yhdistyivät siinä täydellisen tasapainoisesti.

Pojan kasteen symboliikka

Jos näitä jokaista profeetallista vaihetta tarkastellaan vertauskuvallisesti, voidaan sanoa, että Jeesuksen veteen laskeutuminen edustaa esimerkiksi:

- ◆ tuomiota ja parannuksen tekemistä

- ◆ maailman syntien kantamista

- ◆ kaiken antamista Jumalalle

- ◆ vehnän jyvää, joka laitetaan maahan, jotta se voisi lisääntyä.

Nämä vertauskuvalliset merkitykset ovat kaikki yhtä paikkansapitäviä, mutta mikään niistä ei ole paikkansapitävä yksinään, muista erotettuna. Tarvitsemme jokaisen raamatullisen näkökulman Pojan ainutlaatuiseen toimintaan ja tehtävään, jotta voisimme ymmärtää ja tulkita niitä oikein ja kokonaisvaltaisesti.

Jos tarkastellaan Jeesuksen kasteen muita vaiheita, voidaan sanoa, että Pojan vedestä nouseminen on vertauskuva esimerkiksi:

Ainutlaatuinen tehtävä

◆ hänen ylösnousemuksessa saamastaan arvovallasta

◆ hänen puhtaudestaan

◆ hänen julkisesta toiminnastaan

◆ uudesta versosta, joka lisääntyy monia kertoja.

Voidaan myös sanoa, että Jeesuksen seisominen rukoilemassa on vertauskuva:

◆ siitä, että hänen mielensä, ruumiinsa ja henkensä olivat täysin Jumalan arvovallan alla

◆ siitä, että hänen uhrinsa vaikuttaisi voimallisesti hänen seuraajiensa elämissä

◆ siitä, että hän eläisi elämänsä virheettömästi ja saavuttaisi kaiken, minkä Jumala oli tarkoittanut hänen saavuttavan

◆ siitä, että Jumala kirkastaisi itsensä ja tekisi Pojan hedelmälliseksi

◆ Hengen tulemisesta hänen elämänsä ylle.

Hengen vuodattaminen taas voidaan ymmärtää:

◆ valtuuttamiseksi arvovallalla niitä kohtaamisia varten, joita Pojalla olisi pahojen henkien ja sairauksien kanssa

◆ varustamiseksi Pojan kyyhkysen kaltaista uhria ja palvelusta varten

◆ lahjaksi ehdottoman tärkeästä vahvistamisesta

◆ loppuun kulumattomaksi voimavaraksi säteillä Jumalan kirkkautta ja rakkautta.

Tulisi olla itsestään selvää, että kaikki nämä vertauskuvallisten tulkintojen joukot ovat yhtä lailla totta mutta että yksikään niistä ei yksinään ole koko totuus. Meidän täytyy ymmärtää, että saatana aiheuttaa seurakunnan sisällä enemmän hämmennystä ja jakaantumista houkuttelemalla uskovia ylikorostamaan yhtä yksittäistä totuutta tai sivuuttamaan toisen yksittäisen totuuden kuin pettämällä

Pojan tunteminen

uskovia suoranaisilla valheilla. Yhden yksittäisen henkilön tai seurakunnan on hyvin vaikeaa tuntea koko totuus Jeesuksen koko luonnosta ja tehtävästä ja julistaa sitä – minkä vuoksi evankeliumejakin on neljä eikä yksi. Mutta, kuten jokainen evankeliumi, meidänkin tulee seistä sekä niiden rinnalla, jotka täydentävät painotustamme, että niiden, joilla on sama painotus kuin itsellämme.

Monitahoinen tehtävä

Totuus on, että Pojan kaste, hänen toimintansa alkuhetki, paljasti ainutlaatuisen "monitahoisen" tehtävän ja oli vertauskuva siitä. Jeesus osoitti tämän todeksi elämässään ja täytti sen kuolemassaan.

Jos evankeliumien eri piirteisiin ja painotuksiin luodaan yleiskatsaus, voidaan sanoa, että Isä lähetti Pojan maan päälle – ja että Poika vapaaehtoisesti tuli – tehtävänään murtaa pahan valta.

Saatana oli ottanut hallintavallan maan päällä ja koko maailma oli hänen vallassaan, joten Poika tuli maailmaan perustamaan taivasten valtakunnan, riisumaan aseista pimeyden pahat voimat ja voittamaan ne kertakaikkisesti. Hän tuli julistamaan parannuksen tekemisen sanomaa, opettamaan ihmisille tottelemattomuuden seurauksista ja antamaan heille selkeät ohjeet, kuinka elää Jumalan valtakunnassa.

Voidaan kuitenkin *myös* sanoa, että Isä lähetti Pojan tehtävänään etsiä kadotettuja ja pelastaa heidät. Hän tuli pelastamaan tarvitsevia ihmisiä, jotka eivät kyenneet pelastamaan itseään. Suurella henkilökohtaisella uhrillaan Poika tuli sovittamaan synnit, sijaiseksi jokaisen ihmiskunnan edustajan tilalle ja kantamaan Jumalan vihan syntiä kohtaan.

Lisäksi voidaan sanoa, että Isä lähetti Pojan (ja Poika tuli vapaaehtoisesti) elämään todeksi täysin pyhitetyn ja pyhän inhimillisen elämän. Hän tuli olemaan malliesimerkki ja esikuva kaikille ihmisille – kaiken ikäisille ja kaikkien eri kansojen edustajille. Tavalla, jolla hän eli ja kuoli, hän tuli osoittamaan ihmisille, kuinka heidän oli tarkoitus elää ja kuolla.

Ainutlaatuinen tehtävä

Tämän lisäksi voidaan sanoa, että Isä lähetti Pojan osoittamaan maailmalle, millainen Jumala on. Pojan tehtävä oli siis ilmoittaa mahtava Isä kaikessa tämän majesteettisuudessa, olla Jumalan elävä Sana, olla ainutlaatuinen ja täydellinen julkinen ilmoitus näkymättömästä Jumalasta.

Pojan toiminta-ajatus

Jeesus paljasti paljon lisää ainutlaatuisesta, monitahoisesta tehtävästään, kun hän autiomaasta palattuaan meni puhumaan Nasaretin synagogaan. Hänen Luukkaan evankeliumin jakeiden 4:18-19 sanansa ovat erityisen valaisevia, ja ne kuuluvatkin Pojan tärkeimpiin toteamuksiin: näitä jakeita voidaan pitää hänen "toiminta-ajatuksenaan".

Luukkaan evankeliumin jakeissa 4:18-19 Jeesus ensin selittää, että hänet voideltiin kasteensa yhteydessä Jordanilla Pyhällä Hengellä sitä tarkoitusta varten, että hän ilmoittaisi tai julistaisi hyvän sanoman köyhille tai kärsiville - tätä käsitellään tarkemmin kirjassa *Kadotettujen tavoittaminen*.

Tämän jälkeen hän jatkaa antamalla viisi esimerkkiä siitä, mitä "kärsivien evankelioiminen" käytännössä tarkoittaa. Tämä on luultavasti Pojan selkein määritelmä tehtävästään. Voidaankin sanoa, että Jeesuksen mukaan hänen ainutlaatuiseen tehtäväänsä sisältyy:

- ◆ niiden parantaminen, joilla on särkynyt sydän (tämä englanninkielisissä käännöksissä esiintyvä virke puuttuu suomenkielisistä käännöksistä, suom. huom.)

- ◆ vangittujen vapauttaminen

- ◆ näön palauttaminen sokeille

- ◆ sorrettujen päästäminen vapauteen

- ◆ Jumalan vapauden ja mielisuosion sanoman julistaminen.

Poikaa ei lähetetty Isän luota ja voideltu Hengellä ainoastaan, jotta hän saarnaisi, vaan hän pikemminkin tuli

Pojan tunteminen

ilmoittamaan Jumalan niin sanojen, tekojen kuin täydellisen elämänkin kautta – ja hän tuli tekemään tätä köyhille. Kreikan kielen sana *ptochos* tarkoittaa "kärsiviä" tai "kipuilevia". Hän tuli johtamaan opetuslapsia nimenomaan Jumalan valtakunnan tavalla.

Ajatus monitahoisesta tehtävästä toistuu Luukkaan evankeliumin jakeissa 7:18-22. Johannes halusi tietää, oliko Jeesus kauan odotettu Messias, ja lähetti kaksi opetuslastaan selvittämään tätä asiaa. Jakeessa 21 on kerrottu Jeesuksen vastaus näiden opetuslasten kysymyksiin, ja jakeessa 22 kerrotaan hänen sanomansa Johannekselle. Opetuslasten piti kertoa, mitä he olivat *nähneet* ja *kuulleet* – että sokeat saavat näkönsä, rammat kävelevät, spitaaliset puhdistuvat, kuurot kuulevat, kuolleet herätetään henkiin ja köyhille julistetaan ilosanoma.

Tätä ajatusta korostetaan myös Luukkaan evankeliumin luvussa 8. Jakeessa 1 kerrotaan, että Poika *kerusson* ja *euangelizmenos* "saarnasi ja julisti evankeliumia" (vrt. v. 1938 käännös) kaikissa tuon alueen kaupungeissa ja kylissä. Tämän jälkeen jakeet 2-56 havainnollistavat jaetta 1 ja osoittavat, että Jeesuksen tehtävään sisältyi:

◆ saarnaamista ja kysymyksiin vastaamista – j. 4-18

◆ rauhan tuomista – j. 22-25

◆ vangittujen vapauttamista – j. 26-39

◆ sairaiden parantamista – j. 43-48

◆ kuolleiden herättämistä henkiin – j. 49-56

Sama voidaan havaita myös muissa evankeliumeissa. Markus esimerkiksi aloittaa selontekonsa Pojan toiminnasta kertomalla yhdestä päivästä Jeesuksen elämässä.

Jakeet 21-34 osoittavat, että tavanomaisena päivänä Jeesus:

◆ saarnasi synagogassa – j. 21-22

◆ vapautti vangitun – j. 23-26

Ainutlaatuinen tehtävä

◆ paransi sairaita – j. 29–31 ja 34

◆ ajoi ulos pahoja henkiä – j. 34.

Jokaisessa evankeliumissa voidaan havaita, että Poika palveli suuria väkijoukkoja, pieniä ihmisryhmiä ja hyvin monia kärsiviä ihmisiä. Vaikka Pojan toiminta olikin aina monitahoista, hänen aikansa ihmiset olivat suurella varmuudella tietoisia kolmesta päätehtävästä. He näkivät, että hän vapautti ihmisiä pahan otteesta, että hän paransi heidän sairautensa ja että hän teki heistä Jumalan valtakunnan opetuslapsia. Ja kaikkea tätä tehdessään Poika samalla paljasti heille myös elävän Jumalan rakkauden ja kirkkauden.

Poika murtaa pahan vallan
Kirjassa *Jumalan hallintavalta* havaitaan, että Jumalan vanhurskas valtakunta saapui Jeesuksessa ja Jeesuksen kautta. Vaikka Poika saavuttikin lopullisen voittonsa saatanasta ristinkuolemallaan, aiemmat erät hän voitti koko maanpäällisen elämänsä ajan jatkuvalla täydellisellä antautumisellaan Isän tahtoon ja niillä mahtavilla teoilla, jotka osoittivat hänen ainutlaatuisen voitelunsa ja arvovaltansa.

Heti kun Jeesus oli syntynyt, saatana tunnisti hänet tulevaksi voittajakseen ja aloitti hänen kukistamisyrityksensä. Hän hyökkäsi Jeesusta vastaan:

◆ Betlehemin lastensurmalla – Matt. 2:13–18

◆ autiomaan kiusauksilla – Matt. 4:1–11

◆ Nasaretin seurakunnan pyrkimyksillä riistää Jeesuksen elämä – 4:28–29

◆ väkijoukon toiveella tehdä Jeesuksesta poliittinen hallitsija – Joh. 6:15

◆ Pietarin vastalauseella koskien ristin työtä – Matt. 16:21–23

◆ Juudaksen kavalluksella – Luuk. 22:1–6 ja Joh. 13:27.

Pojan tunteminen

Jeesus oli kuitenkin määrätietoisesti päättänyt täyttää sen, mikä oli jo ennalta ilmoitettu. Hän julisti, että Jumalan valtakunta oli tullut hänessä ja hänen kauttaan ja että hänen mahtavat tekonsa olivat näkyvä todiste sen tulemisesta. Evankeliumeissa nähdään Jumalan valtakunnan eteenpäin meneminen ja saatanan valtakunnan perääntyminen siinä, kun riivaajia ajetaan ulos, sairauksia parannetaan ja luonto saadaan rauhoittumaan – esimerkiksi jakeissa Matt. 4:23 sekä Mark. 1:24 ja 4:39.

Luukkaan evankeliumin jakeissa 9:1–6 ja 10:1–24 kerrotaan, että Jeesus lähetti matkaan yli 80 opetuslasta julistamaan valtakunnan tulemista saarnaamalla, parantamalla sairaita ja ajamalla ulos riivaajia. Kun opetuslapset palasivat, hän kertoi heille nähneensä saatanan sinkoutuneen taivaasta heidän toimintansa seurauksena.

Kohdat Mark. 3:27 ja Luuk. 11:21–22 vaikuttavat kiteyttävän sen, miten Jeesus ymmärsi ristiä edeltävät taistelunsa saatanan kanssa. Vaikka paholainen toki oli väkevä mies, vielä väkevämpi mies oli nyt tullut – ja hän tulisi sitomaan vahvan miehen, voittamaan tämän ja ryöstämään tämän talon tyhjäksi.

Jae 1. Joh. 3:8 painottaa, että Poika tuli tekemään tyhjäksi sen, minkä paholainen oli turmellut Jumalan luomakunnassa, erityisesti synnin kautta. Pojan tehtävä oli tulla vapauttamaan luomakunta. Lisäksi Matteuksen evankeliumin jae 12:28 osoittaa, että pahan vallan murtaminen oli Jeesuksen valtakuntaa julistavan sanoman ytimessä.

Poika mursi pahan vallan elämällään, sanoillaan ja teoillaan, ja hänen tehtävänsä tämä puoli huipentui ristille – joka oli suurin mahdollinen vapauttava ja pelastava teko. Heprealaiskirjeen jakeissa 2:14–15 kuvataan, kuinka Jeesus kukisti saatanan ja kuoleman vallan ja päästi vapaiksi kaikki, jotka olivat olleet vangittuja. Tätä käsitellään laajemmin osassa 8.

Vaikka pahan valta murrettiinkin täysin vasta ristillä, meidän täytyy olla tarkkoina siitä, ettemme rajaa Pojan voittoa saatanasta ainoastaan ristiin – sillä tällainen lähestymistapa sivuuttaa erään hänen tehtävänsä tärkeän puolen.

Ainutlaatuinen tehtävä

Evankeliumit nimittäin osoittavat, että jo kauan ennen ristiä Jeesus johdonmukaisesti vapautti ihmisiä pahan voimien vallasta. Tämä havaitaan esimerkiksi seuraavissa yhteyksissä:

- ◆ kapernaumilainen mies, jossa oli saastainen henki – Mark. 1:21–28 ja Luuk. 4:31–37
- ◆ Pietarin anoppi – Matt. 8:14–15; Mark. 1:29–31 ja Luuk. 4:38–39
- ◆ riivattu mykkä mies – Luuk. 11:14–22
- ◆ Gerasan alueen riivatut miehet – Matt. 8:28; Mark. 5:1–20 ja Luuk. 8:26–39
- ◆ kanaanilaisnaisen tytär – Matt. 15:21–28 ja Mark. 7:24–30
- ◆ riivattu epileptikko – Matt. 17:14–21; Mark. 9:14–29 ja Luuk. 9:37–43
- ◆ köyryselkäinen nainen – Luuk. 13:10–17
- ◆ riivattu mykkä mies – Matt. 9:32–34.

Lisäksi evankeliumeissa on seuraavat toteamukset koskien Pojan tehtävää murtaa pahan valta: Matt. 4:24, 8:16; Mark. 1:32–34 ja 39, 3:11, 6:13; Luuk. 4:41, 6:18, 7:21 ja 11:24–26. Näiden tapausten ja toteamusten pohjalta voidaan ymmärtää useita käytännöllisiä periaatteita Pojan tehtävästä murtaa pahan valta orjuudessa olevien miesten ja naisten elämissä.

Poika vapautti ihmiset, joista hänelle kerrottiin

Evankeliumit antavat ymmärtää, että kun Jeesus palveli ihmisiä, hän vapautti kaikki ne, jotka tuotiin apua tarvitsevina hänen luokseen. Hän ajoi ulos riivaajia, kun joku sitä häneltä riivaajan vaivaaman henkilön puolesta pyysi, kun riivaajaa reagoi hänen läsnäoloonsa ja kun Henki johdatti hänet jonkin kärsivän ihmisen luo.

Hän ei juurikaan kysellyt kysymyksiä

Kun Jeesukselle oli selvinnyt, että jostakin kärsivästä ihmisestä

Pojan tunteminen

täytyi ajaa ulos riivaaja, hän ei jäänyt selvittelemään syytä – vaan ainoastaan ajoi riivaajan ulos. Evankeliumeissa kerrotaan itse asiassa vain kahdesta tapauksesta, joissa Jeesus kyseli jotakin kärsivältä ihmiseltä riivaajan ulosajamistilanteessa.

Hän puhui suoraan riivaajille
Poika kohdisti arvovaltaiset sanansa suoraan riivaajalle, jonka vallassa joku ihminen oli tai joka kiusasi jotakin ihmistä – ei siis tuolle ihmiselle itselleen. Jeesus ei sivuuttanut kärsiviä henkilöitä ja samassa asiayhteydessä hän aina myös tarjosi heille hengellistä tukea ja ohjausta, mutta – itse toiminnan aikana – Jeesus puhui riivaajille.

Evankeliumeissa kerrotaan, että Jeesus "sitoi", "vaiensi" ja "nuhteli" riivaajia, käski heitä "tulemaan ulos", kysyi heidän nimiään jos se oli tarpeen ja kielsi heitä koskaan palaamasta.

Hän ei tehnyt eroa kärsivien välillä
Evankeliumit eivät kerro, että Poika olisi tehnyt eroa sellaisten olosuhteiden välillä kuin "alistettuna", "jonkin vallassa", "masennus", "vaivattuna", "hyökkäyksen kohteena", "tuskainen" ja niin edelleen. Evankeliumeissa käytetään sen sijaan ainoastaan yhtä kreikan kielen sanaa, *daimonizomai*, lähes kaikista, jotka tarvitsivat vapauttamista.

Hän teki eron riivaajien ulosajamisen ja ihmisten parantamisen välillä
Kohdissa Matt. 8:16; Mark. 1:32–34; Luuk. 4:40–41, 6:18 ja 7:21 tehdään ero ihmisten parantamisen ja riivaajien ulosajamisen välillä. Lisäksi Matteuksen evankeliumin jakeessa 4:24 tehdään ero *daimonizomain* ja *seleniazomain* välillä – vapauttamista tarvitsevan riivatun ja parantumista tarvitsevan epileptikon välillä.

Hän turvasi Henkeen
Poika sanoi karkottavansa riivaajia Jumalan Hengellä. Hänen

Ainutlaatuinen tehtävä

toimintansa oli henkilökohtainen vastakkainasettelu, jossa osapuolina olivat Hän, joka oli täynnä Pyhää Henkeä, sekä saastainen henki.

Hän herätti kauhua riivaajissa
Evankeliumit osoittavat, että riivaajat pelkäsivät Jeesusta perin juurin jo ennen Golgatalla saavutettua voittoa. Ne eivät pysyneet hiljaa hänen ollessaan paikalla vaan olivat niin kauhuissaan, että kirkuivat ja paljastivat siten itsensä. Niiden täytyi aina totella Jeesusta. Kun Jeesus sanoi: "Tule ulos", ne tulivat ulos – vaikkakin sitten kovaäänisesti ja väkivaltaisesti.

Hän teki vaikutuksen ihmisiin
Evankeliumit osoittavat, että Pojan tehtävän tämä puoli teki suuren vaikutuksen ihmisiin. Markuksen evankeliumin jakeissa 1:21–28 kerrotaan ihmetyksestä ja maineen leviämisestä, Luukkaan evankeliumin jakeessa 9:43 sanotaan, että ihmiset olivat hämmästyksen vallassa Jumalan suuruuden tähden, ja Luukkaan evankeliumin jakeessa 8:37 kerrotaan paniikista ja siitä, että Jeesusta pyydettiin pikaisesti poistumaan tuolta alueelta. Kohdissa Matt. 9:34, 12:24; Mark. 3:22; Luuk. 11.15 sekä Joh. 7:20, 8:48 ja 10:20 kerrotaan sitä vastoin hyvin toisenlaisesta reaktiosta.

Poika parantaa sairaat
Kuten kaikkia muitakin Pojan ainutlaatuisen tehtävän eri puolia, myös hänen parantamistoimintaansa voidaan tarkastella useista eri raamatullisista näkökulmista.

Parantamista voidaan pitää osana Pojan kutsumusta murtaa pahan valta ja tähän liittyen korostaa, että hän hallitsi sairautta aivan kuten hän hallitsi riivaajiakin – kuninkaallisen arvovaltansa tähden.

Parantamisen voidaan kuitenkin *myös* ajatella olevan osa Pojan kutsumusta palvella tarvitsevaa ihmiskuntaa ja siihen liittyen painottaa, että ihmiset tulevat kokonaisiksi hänen uhrautuvien haavojensa ja hänen sovitusverensä kautta.

Pojan tunteminen

Lisäksi parantamista voidaan pitää osana Pojan profeetallista toimintaa ja painottaa, että hän paransi ihmisiä, koska hän oli Kristus, joka oli täytetty Hengellä aivan kuten entisaikojen parantavat profeetatkin.

Ja parantamista voidaan *vielä* pitää ihmeellisenä ilmoituksena *Jahve Raphasta*, "Herrasta, joka parantaa", ja voidaan painottaa, että Jeesus paransi sairaita, koska hän oli parantava Jumala, joka oli tullut ihmiseksi.

Jälleen kerran nämä toisiaan täydentävät näkökulmat täytyy pitää yhdessä, jos Pojan tehtävää halutaan ymmärtää sen koko täyteydessä.

Kun Jeesus palasi paikalliseen synagogaansa Nasaretissa esitelläkseen itsensä Jesajan kirjan jakeiden 61:1–2 täyttymyksenä, hän julisti, että hänet oli voideltu Hengellä – ja että hän *sen tähden* paransi nyt niitä, joilla on särkynyt sydän, ja antoi nyt sokeille heidän näkönsä takaisin. Evankeliumit osoittavat, että tuosta hetkestä eteenpäin parantaminen oli merkittävä ja ominainen piirre Pojan maanpäällisessä tehtävässä. Yksinkertaisesti sanottuna aina, kun Pojan parantamistoiminta sivuutetaan tai sen merkitystä aliarvioidaan, Pojan ainutlaatuisesta tehtävästä annetaan vääränlainen kuva maailmalle.

Pojan parantamistoiminta

Evankeliumeissa Jeesuksen parantamistoimintaa havainnollistetaan seuraavilla esimerkeillä:

- ◆ kuninkaan virkamiehen poika Kapernaumissa – Joh. 4:43–54
- ◆ Jairoksen tytär – Matt. 9:18–26; Mark. 5:21–43 ja Luuk. 8:40–56
- ◆ verenvuodosta kärsivä nainen – Matt. 9:20–22; Mark. 5:25–34 ja Luuk. 8:43–48
- ◆ kaksi sokeaa miestä – Matt. 9:27–31
- ◆ halvaantunut mies, joka laskettiin alas katon läpi –

Ainutlaatuinen tehtävä

Matt. 9:1-8; Mark. 2:2-12 ja Luuk. 5:17-26

- spitaalinen – Matt. 8:1-4; Mark. 1:40-45 ja Luuk. 5:12-14
- sadanpäällikön palvelija – Matt. 8:5-13 ja Luuk. 7:1-10
- Pietarin anoppi – Matt. 8:14-15; Mark. 1:29-31 ja Luuk. 4:38-39
- lesken poika Nainissa – Luuk. 7:11-17
- rampa mies Betesdan altaalla – Joh. 5:1-18
- sokeana syntynyt mies – Joh. 9:1-41
- mies, jonka käsi oli surkastunut – Matt. 12:9-14; Mark. 3:1-6 ja Luuk. 6:6-11
- nainen, jonka selkä oli pahasti köyryssä – Luuk. 13:10-17
- vesipöhöä sairastava mies – Luuk. 14:1-6
- kymmenen spitaalista – Luuk. 17:11-19
- kuuro ja mykkä mies – Mark. 7:31-37
- sokea mies Betsaidassa – Mark. 8:22-26
- Lasarus – Joh. 11:1-44
- sokeat miehet Jerikossa – Matt. 20:29-34 ja Luuk. 18:35-43
- ylipapin palvelija – Luuk. 22:47-51.

Evankeliumeissa on lisäksi seuraavat toteamukset koskien Jeesuksen parantamistoimintaa: Matt. 4:23-25, 8:16-17, 9:35, 11:4-5, 12:15-16, 14:14 ja 34-36, 15:30-31, 19:2, 21:14; Mark. 1:32-34, 3:10-12, 6:55-56; Luuk. 4:40, 5:15-16, 6:17-19, 7:21-22, 8:2, 9:11 sekä Joh. 6:2.

Näiden raamatunkohtien perusteella voidaan päätellä joitakin käytännöllisiä periaatteita Pojan tehtävästä parantaa sairaita ja kärsiviä.

Pojan tunteminen

Hän paransi tavallisia ihmisiä
Evankeliumien mukaan Jeesus paransi pääosin tavallisia miehiä ja naisia: niissä on 19 esimerkkiä, joissa hän parantaa "sosiaalisia hylkiöitä", ja 11 esimerkkiä, joissa hän parantaa vakavista vaivoista kärsiviä tavallisia ihmisiä.

Hän paransi vakavia vaivoja
Poika keskittyi parantamaan ihmisiä, joiden sairaus oli aiheuttanut heille syrjäytymistä, yksinäisyyttä tai työttömyyttä tai joiden sairaus oli jatkunut jo pitkän aikaa.

Hän paransi kaduilla
Jeesus paransi ihmisiä joskus epämuodollisissa kokoontumisissa, mutta useimmiten hän meni yksittäisten ihmisten luo ja paransi heidät siellä, missä he olivat. Hän paransi ihmisiä matkoillaan, kodeissa, puutarhoissa, aterioilla, hautajaisissa, hautausmaalla, altaan luona ja tavallisissa jumalanpalveluksissa synagogassa.

Hän reagoi ihmisiin ja Henkeen
Pojan parantamistoiminta alkoi joko ihmisten pyynnöstä: "Auta minua" tai "Paranna ystäväni", tai Pyhän Hengen käskystä: "Mene ja paranna tuo sairas".
  Jeesus ei parantanut kaikkia Israelin sairaita, mutta hän oli aina varma Isän tahdosta parantaa. Hän paransi kaikki, jotka tulivat pyytämään parantumista, ja hän paransi kaikki, jotka Pyhä Henki hänelle osoitti.

Hän palveli käskyillä ja koskettamalla
Kun Jeesus palveli, hän ei pyytänyt Jumalaa parantamaan ihmisiä. Sen sijaan hän oli niin tietoinen Jumalan tahdosta ja ajoituksesta, että hän joko kosketti ihmisiä merkiksi Jumalan antamasta parantumisesta tai hän lausui profeetallisen parantumiskäskyn.

Ainutlaatuinen tehtävä

Hän teki vaikutuksen ihmisiin
Evankeliumit osoittavat, että Pojan koko parantamistoiminnan ajan ihmisiä kääntyi uskomaan Jumalaan, valtakunnan sanoma levisi ja ihmiset ihailivat Jeesusta. Joskus reaktiona oli kuitenkin vainoa, vastaväitteitä ja jopa suunnitelmia Jeesuksen surmaamiseksi – ylipapit itse asiassa vangitsivat Jeesuksen samalla, kun Jeesus paransi heidän palvelijansa korvaa.

Hän otti muutkin mukaan toimintaansa
Jeesus koulutti yli 80 opetuslasta jatkamaan omaa parantamistoimintaansa taivaaseenastumisensa jälkeen. Ensin hän varmisti, että he olivat hänen kanssaan, kun hän paransi sairaita, ja sitten hän antoi heille arvovaltansa parantaa sairaita ja lähetti heidät matkaan pareittain parantamaan ja julistamaan hyvää sanomaa.

Poika julistaa valtakuntaa
Markuksen evankeliumin jakeet 1:14–15 osoittavat, että Jeesus aloitti toimintansa julistamalla, että Jumalan valtakunta oli tullut lähelle. Hän toisti tämän ilmoituksen kohdissa Matt. 12:28 ja Luuk. 11:20 ja osoitti sen todeksi ajamalla ulos riivaajia. Itse asiassa kaikki Jeesuksen tekemät ihmeet todistivat, että Jumalan valtakunta oli tullut.

Sen lisäksi, että Jeesus opetti valtakunnan tulleen, hän myös opetti, että valtakunta "ei ollut vielä". Tämä havaitaan esimerkiksi kohdissa Matt. 5:1–10, 6:10, 7:21–22, 8:11, 13:42–43, 16:27–28, 20:21, 26:29; Mark. 9:1, 10:37, 14:25; Luuk. 13:28–29 ja 22:18. Tätä valtakunnan "nyt ja ei vielä" -ominaisuutta käsitellään kirjassa *Jumalan hallintavalta*.

Opetuksissaan Poika osoitti, että valtakunta:

◆ kuuluu Jumalalle

◆ on kehittyvä ja voimallinen

◆ on Pojan henkilökohtaisesti perustama

◆ merkitsee pelastusta.

Pojan tunteminen

Jeesus käytti usein vertauksia opettaakseen ihmisille Jumalan valtakunnasta. Jos hänen vertauksiinsa luodaan yleiskatsaus, voidaan havaita, että niissä toistuu useita samoja teemoja:

Valtakunta jatkaa kasvuaan
Kasvu esiintyy useissa Matteuksen evankeliumin luvun 13 vertauksissa valtakunnasta – esimerkiksi kylväjävertauksessa (j. 1–23), vertauksessa rikkaviljasta (j. 24–30) ja vertauksessa sinapinsiemenestä (j. 31–32).

Valtakunta on salattu
Vertaus hapatteesta (j. 33) osoittaa, että erinomaisia tuloksia saadaan aikaan vaatimattomilla keinoilla. Tämä on maallisen ajattelun täydellinen vastakohta.

Valtakunta on arvokas
Vertaukset aarteesta (j. 44) ja helmestä (j. 45–46) osoittavat valtakunnan mittaamattoman suuren arvon. Kaikki eivät kuitenkaan arvosta tai tavoittele sitä.

Valtakunta on salaisuus
"Valtakunnan salaisuuksilla" – j. 11 – viitataan valtakunnan tulemiseen historiaan ennen sen ilmestymistä aikojen lopussa. Tätä "jo nyt – ei vielä"-jännitettä käsitellään yksityiskohtaisesti kirjassa *Jumalan hallintavalta*. Sillä tarkoitetaan, että valtakunta on nyt vielä olemassa rinnakkain synnin ja pahuuden kanssa. Vertaukset nuotasta (j. 47–52) ja rikkaviljasta (j. 24–30) osoittavat, että maailmassa on sekaisin sekä vanhurskaita että jumalattomia aina viimeiseen päivään saakka. Heitä ei tule pyrkiä erottelemaan ennen aikojen loppua, sillä ainoastaan kuningas kykenee tuomitsemaan ja erottelemaan oikein.

Valtakunta on kansainvälinen
Vertaus viinitarhan vuokraajista Matteuksen evankeliumin

Ainutlaatuinen tehtävä

jakeissa 21:33–46 antaa ymmärtää, ettei valtakunta kuulu pelkästään juutalaisille vaan myös muille kansoille.

Valtakunta vaatii parannuksen tekemistä ja kuuliaisuutta
Vertaus kahdesta pojasta (Matt. 21:28–32) osoittaa tarpeen tehdä parannusta ja olla kuuliainen. Tullimiehetkin menevät valtakuntaan ennemmin kuin uskonnolliset johtajat – jos he täyttävät valtakuntaan pääsyn vaatimukset ja johtajat eivät.

Valtakunta on tärkeä
Vertaukset morsiusneidoista (Matt. 25:1–13) ja kuninkaanpojan häistä (Matt. 22:1–14) varoittavat sivuuttamasta valtakuntaa. Vaikka nämä varoitukset koskevat tulevaa, ne haastavat meitä toimimaan välittömästi.

Valtakuntaa vastustetaan
Vertaukset kylväjästä ja rikkaviljasta antavat ymmärtää, että valtakuntaa vastustetaan joka käänteessä. Vaikka kasvu onkin varmaa, sitä myös aina vastustetaan.

Pojan julistama valtakunnan sanoma
Johanneksen vangitsemisen jälkeen Jeesus alkoi saarnata laajemmin. Markuksen evankeliumin jakeissa 1:14–15 kerrotaan hänen sanomansa: "Aika on täyttynyt, Jumalan valtakunta on tullut lähelle. Kääntykää ja uskokaa hyvä sanoma!"

Matteuksen evankeliumin jakeissa 3:1–2 ja 4:17 tuo Jeesuksen toiminnan alkuvaiheen sanoma on esitelty pitkälti samalla tavalla. Tästä voidaan päätellä, että valtakunnan tuleminen oli paitsi tapahtuma, jota täytyi julistaa, myös haaste, johon ihmisten täytyi vastata.

Pojalle valtakunnan tuleminen oli niin merkittävä tapahtuma, että ihmisten täytyi muuttaa sekä ajattelutapaansa että käytöstään. Hän julisti valtakunnan tulemista hyvin selkein sanoin.

Pojan tunteminen

- Aika on täyttynyt. Jumalan henkilökohtaisen hallintavallan aika on alkamassa.
- Sinut on kutsuttu vastaamaan radikaalilla ja henkilökohtaisella tavalla Jumalan henkilökohtaisen hallintavallan läsnäoloon.
- Jumala vaatii sinua antautumaan hänen henkilökohtaisen hallintavaltansa alle. Sinun täytyy tehdä parannus ja uskoa.

Jeesus teki aina selväksi, että "parannuksen tekeminen" oli valtakunnan ensisijainen kutsu. Tämä havaitaan esimerkiksi kohdissa Matt. 4:17; Mark. 6:12; Luuk. 5:32, 13:3–5, 15:7 ja 10 sekä 24:47.

Metanoeo on kreikan kielen sana verbille "tehdä parannusta", ja sanatarkasti se tarkoittaa "muuttaa mieltä". Tästä voidaan päätellä, että kun Poika julisti valtakunnan mukaista paranuksen tekemistä, se merkitsi radikaalia ajattelun, asenteiden, ajattelutavan ja suunnan muutosta. Se merkitsi mielensisäistä vallankumousta koskien käsityksiä Jumalasta, hänen luonnostaan ja hallintavallastaan, Jeesuksesta, synnistä, pyhyydestä ja itsestämme – sellaista mullistusta, joka johtaa täysin uuteen suuntaan kulkevaan elämään ja sen myötä täysin uudenlaiseen elämäntapaan. Kirjassa *Jumalan hallintavalta* käsitellään tyhjentävästi sitä, mitä Raamattu opettaa parannuksen tekemisestä.

Poika teki selväksi, että parannuksen tekeminen oli olennainen vaatimus hänen seuraajilleen. Itse asiassa ennen kuin ihmiset muuttavat mieltään sen suhteen, mitä he ajattelevat synneistään ja Jumalan pyhyydestä, he eivät voi olla tietoisia siitä, että tarvitsevat pelastusta.

Kun ymmärrämme, että "parannuksen tekeminen" merkitsee "mielen muuttamista", tulee selväksi, miksi Poika liittää "uskon" "parannuksen tekemiseen". On itsestään selvää, että jokaiseen mielenmuutokseen täytyy liittyä usko johonkin uuteen. Jeesuksen kutsu uskoa evankeliumi merkitsee siis yksinkertaisesti uskomista Jeesukseen

Ainutlaatuinen tehtävä

itseensä. Hänen kuulijoiden odotettiin sitoutuvan *kaikkeen*, mitä hän edusti – jokaiseen hänen monitahoisen tehtävänsä puoleen.

Kun Jeesus julisti valtakuntaa, hän kutsui ihmisiä aloittamaan uuden suhteen kanssaan – sellaisen, jota leimasivat parannuksen tekeminen ja usko. Markuksen evankeliumin jakeet 1:15–20 osoittavat, että Jeesus ensin julisti valtakunnan saapuneen, sitten kutsui ihmisiä tekemään parannusta ja uskomaan ja sen jälkeen kutsui ihmisiä seuraamaan itseään henkilökohtaisesti. Tämä sama järjestys ilmenee myös Matteuksen evankeliumin jakeissa 4:17–22. Tämä osoittaa, että Pojan ainutlaatuiseen tehtävään sisältyi ihmisten kutsuminen hänen henkilökohtaisiksi opetuslapsikseen.

Evankeliumeissa on useita eri esimerkkejä Pojan julistuksesta koskien valtakunnan opetuslapseutta. Näissä esimerkiksi osoitetaan, että:

Valtakunnan opetuslapseus on henkilökohtaista
Poika ei kutsunut ihmisiä seuraamaan joukkoa ajatuksia tai sääntöjä vaan seuraamaan *itseään*. Samalla tapaa Matteuksen evankeliumin jakeessa 11:29 hän kutsui ihmisiä oppimaan henkilökohtaisesti *häneltä*, ei laista tai jostakin kirjasta.

Valtakunnan opetuslapseus on kiireistä
Evankeliumeissa kerrotaan monia kertomuksia ihmisistä, joita Jeesus kutsui ryhtymään opetuslapsikseen. Näiden ihmisten täytyi vastata tuohon kutsuun heti, vaikka se olisi merkinnyt muiden asioiden keskeytymistä heidän tai heidän ympärillään olevien ihmisten elämissä. Tämä havaitaan esimerkiksi kohdissa Matt. 4:18–22, 9:9; 19:21; Luuk. 9:59 ja Joh. 1:43. Jotkut seurasivat Jeesusta välittömästi, mutta toiset keksivät tekosyitä. Vaikka Pojan kutsu onkin pakottava, se ei koskaan ole pakollinen.

Pojan tunteminen

Valtakunnan opetuslapseus on ehdotonta
Poika kutsui ihmisiä jättämään kaiken ja seuraamaan häntä täysin. Tämä havaitaan esimerkiksi kohdissa Mark. 10:33; Luuk. 9:62 ja Joh. 8:31–32. Jeesuksen opetuslapseksi tuleminen ei ole pelkkä tunteella annettu vastaus tai älyllä tapahtuva hänen opetustensa hyväksyminen. Se on pysyvä päätös seurata Poikaa, oppia häneltä, olla kuuliainen hänelle ja pysyä aina ja joka tilanteessa lähellä häntä.

Valtakunnan opetuslapseudesta täytyy maksaa hintaa
Jeesus ei koskaan antanut ymmärtää, että hänen seuraamisensa olisi helppoa. Hän puhui yhä uudelleen ja uudelleen sitoutumisen hinnasta, opetuslapseuden hinnasta. Tämä havaitaan esimerkiksi kohdissa Matt. 6:33, 16:13–33; Mark. 8:34; Luuk. 5:1–11, 9:23 ja 12:31–34.

Valtakunnan opetuslapseus palkitaan
Jeesuksen opetukset palkkioista esiintyvät aina samassa asiayhteydessä valtakunnan opetuslapseuden kanssa – esimerkiksi kohdassa Matt. 16:24–27. Myös Markuksen evankeliumin jakeissa 10:29–30 hahmotellaan niitä ihania siunauksia, joita Herra antaa niille, jotka uhrautuvasti seuraavat häntä.

Hänen ainutlaatuisen tehtävänsä tarkoitus
Pojan valtakunnan sanomassa on ilmeinen järjestys. Ensin hän kutsuu ihmisiä muuttamaan tapaa, jolla he suhtautuvat Jumalaan. Seuraavaksi hän kutsuu heitä uskomaan itseensä, turvautumaan itseensä ja luottamaan itseensä täydellisesti. Ja sitten hän kutsuu heitä seuraamaan itseään tiiviisti ja tulemaan opetuslapsikseen.

Mutta tässä ei ole kaikki. Meitä ei ole kutsuttu ainoastaan seuraamaan Poikaa, meidät on kutsuttu myös tulemaan hänen kaltaisikseen. Hänen tehtävänsä ei ole vain koota käännynnäisiä ja tehdä opetuslapsia – vaan myös muuttaa

Ainutlaatuinen tehtävä

heidät itsensä kaltaisiksi. Evankeliumeissa painotetaan viittä tärkeää osa-aluetta, joissa Poika haluaa opetuslastensa tulevan enemmän itsensä kaltaisiksi.

Rakastaa kuin hän
Jakeissa Joh. 13:34-35 Poika opetti opetuslapsilleen uuden käskyn, joka todistaisi "kaikille", että he olivat hänen opetuslapsiaan.

Antaa kuin hän
Jakeissa Joh. 15:13-14 Jeesus selitti tarkalleen, mitä hän tarkoitti rakastamisella. Se on uhrautuvaa antamista, se on henkemme antamista ystäviemme puolesta.

Palvella kuin hän
Jakeissa Mark. 10:42-45 Jeesus osoitti opetuslapsilleen, että heidän tuli palvella täysin erilaisella tavalla kuin maailma palveli.

Toimia kuin hän
Johanneksen evankeliumin jakeessa 14:12 Jeesus paljasti opetuslapsilleen, että heidän tuli toimia niin kuin hän oli toiminut. Monet olettavat, että Jeesus viittasi tässä riivaajien ulosajamiseen ja sairaiden parantamiseen. Kuten edellä havaittiin, nämä ovat kyllä Pojan tehtävän tärkeitä puolia, mutta meidän tulee ymmärtää, että tämä jae esiintyy samassa uhrautumisesta kertovassa asiayhteydessä kuin hänen käskynsä antaa, rakastaa ja palvella. Jos uskomme Poikaan, meidän tulisi odottaa elävämme kuten Poika eli – mihin kyllä kuuluu suuria ihmeitä, mutta minkä tunnusomaisin piirre on palveleminen.

Mennä kuin hän
Jakeissa Joh. 20:19-22 kerrotaan Jeesuksen ensimmäiset sanat opetuslapsilleen ylösnousemuksensa jälkeen, ja

Pojan tunteminen

Jae 21 on hänen viimeinen kutsunsa heille olla hänen kaltaisiaan.

Osassa 7 havaitaan, kuinka Johanneksen evankeliumi painottaa, että Poika on niin täysin Jumalan henkilökohtaisen hallintavallan alla, ettei hän sano mitään omaansa, tee mitään omaansa tai mene minnekään omasta aloitteestaan. Hän puhuu, minkä Isä sanoo. Hän tekee, mitä Isä tekee. Hän menee, minne Isä lähettää. Ja hän tekee kaiken tämän Hengen voimassa.

Samalla tapaa kuin Jeesus on lähetetty, hän lähettää myös opetuslapsensa – menemään maailmaan niin kuin hän menee, antautumaan Isän tahtoon niin kuin hän antautuu, turvautumaan Henkeen niin kuin hän turvautuu ja olemaan hänen kanssaan osallisia hänen ainutlaatuiseen tehtäväänsä.

Tässä kirjassa on painotettu sitä, että on tärkeää ymmärtää Pojan ainutlaatuinen, monitahoinen tehtävä oikein, ja nyt pitäisikin kyetä alkaa ymmärtää, miksi tämä on niin tärkeää: siksi, koska hän kutsuu meitä olemaan kanssaan osallisia ainutlaatuiseen tehtäväänsä, välittämään hänen sovituksen sanomaansa eteenpäin, soveltamaan hänen voittoaan pahasta, kirkastamaan elävää Jumalaa, parantamaan sairaita ja julistamaan hyvää sanomaa valtakunnasta ympärillämme oleville kärsiville ihmisille.

Osa 6

Poika ja Henki

Edellä havaittiin, että kaikki neljä evankeliumia tekevät toisiaan täydentävällä tavalla selväksi, että Pojan maan päälle tulemisen myötä koitti uusi aika: Jumalan valtakunnan aika; Messiaan aika; aika, jona Pyhä Henki on laajasti saatavana.

Kaikissa evankeliumeissa selvitetään, että Jeesus Nasaretilainen on Kristus, Messias, Voideltu – erityisen Pyhän Hengen voitelunsa vuoksi. Lisäksi niissä kaikissa myös esitellään Jeesus sekä *ainutlaatuisena Hengen haltijana* että *ainutlaatuisena Hengellä kastajana*.

Jeesuksen aikaan vallalla oli yleisesti tunne, että Pyhä Henki oli jättänyt Israelin. Jumala ei ollut useisiin satoihin vuosiin puhunut profeettojen kautta, eikä hänen kirkkautensa enää loistanut temppelissä. Niinpä juutalaiset muistelivat lämmöllä ja haikeudella menneitä aikoja ja odottivat toiveikkaina tulevaa Messiasta.

Markuksen evankeliumi hyppää Jeesuksen syntymäkertomuksen yli ja menee suoraan asiaan esittelemällä Jeesuksen kasteen kaikkien näiden Vanhan testamentin toiveiden ja odotusten täyttymyksenä. Ensimmäisessä jakeessaan Markus esittelee Jeesuksen "Kristuksena, Jumalan Poikana" ja jatkaa sitten välittömästi kahdella radikaalilla väitteellä.

Ensin hän julistaa, että Jumalan hiljaisuus oli päättynyt. Ensimmäistä kertaa sitten Haggain, Sakarjan ja Malakian ajan Jumala oli puhunut taivaasta. Kuten edellä havaittiin, jakeeseen Mark. 1:11 muistiin merkityt taivaalliset sanat liittävät yhteen kohtien Ps. 2:7 ja 2. Sam. 7:14 messiaanisen toivon sekä kohdan Jes. 42:1 lupauksen kärsivästä palvelijasta. Ne ilmoittavat Jeesuksen ainutkertaisena hahmona, joka on sekä messiaaninen hallitsija että kärsivä palvelija.

Pojan tunteminen

Toisekseen Markus julistaa, että Hengen pitkäaikainen kuiva kausi oli vihdoin päättynyt. Jumala oli vuodattanut Pyhän Henkensä varustaakseen messiaanisen palvelijan ainutlaatuista tehtäväänsä varten. Ei olekaan siis ihme, että jakeen Mark. 1:15 mukaan Jeesuksen ensimmäiset sanat olivat: "Aika on täyttynyt".

Henki on Pojassa ainutlaatuisella tavalla
Markus näkee läpi koko evankeliuminsa vaivaa osoittaakseen, että Henki on Pojassa Pojan maanpäällisen toiminnan aikana ja että Henki toimii Pojassa ainutlaatuisella tavalla Pojan päivinä maan päällä. Vasta jakeessa Mark. 13:11, kun Jeesus valmistelee opetuslapsiaan lopun aikojan varten, Markus paljastaa, että Henki varustaa ja valtuuttaa muutkin kuin vain Pojan.

Sama voidaan havaita myös Matteuksen evankeliumissa, missä painotetaan, että Henki on Jeesuksessa ainutlaatuisella tavalla. Matteus kuitenkin kertoo lisäksi yhden lisätiedon – nimittäin että Henki myös hedelmöitti Jeesuksen. Matteuksen evankeliumin jakeet 1:18-20 osoittavat, että Pojan ja Hengen välillä oli ainutlaatuinen yhteys aivan Pojan maanpäällisen elämän ensihetkistä lähtien.

Luukkaan evankeliumi paljastaa vielä enemmän tietoa Hengestä kuin muut evankeliumit. Siinä painotetaan Hengen läsnäoloa ja toimintaa Jeesuksen syntymään liittyvissä kertomuksissa. Vaikka Luukas osoittaakin, että myös Maria, Elisabet ja Sakarias oli täytetty Pyhällä Hengellä ja valtuutettu profetoimaan, hän antaa aivan erityisen suuren painoarvon sille, että Pojan koko elämä ja toiminta oli täysin Hengen alulle laittamaa.

Luukas esimerkiksi osoittaa, että Pyhä Henki johdatti Pojan autiomaahan, että Poika oli täynnä Hengen voimaa aloittaessaan toimintansa ja että kohdan Jes. 61:1 Hengellä voitelu hallitsi ja ohjasi Pojan koko toimintaa.

Johanneksen evankeliumi lisää vielä erään ilmoituksen siitä, miten Henki oli ainutlaatuisella tavalla Pojassa. Jakeessa Joh. 3:34, missä Jeesus puhui Johannes Kastajan

Poika ja Henki

opetuslapsille, hän sanoi, ettei Jumala ollut antanut hänelle Pyhää Henkeä "määrämitalla", vaan siis varauksettomasti. Tämän hämmästyttävän seikan vuoksi voidaan todeta, että Poika todella on ainoa koskaan maan päällä ollut henkilö, joka on saanut *rajattoman* Hengen voitelun.

Poika kastaa ainutlaatuisella tavalla Hengellä
Kaikki neljä evankeliumia ovat yhtä mieltä siitä, ettei Henki ainoastaan ole ainutlaatuisella tavalla Pojassa vaan että Poika myös kastaa ainutlaatuisella tavalla Hengellä. Kukaan ei siis voi saada Henkeä muuten kuin Pojan kautta, eikä kukaan voi tuntea Poikaa muuten kuin Hengen kautta.

Kaikissa neljässä evankeliumissa (ja Apostolien teoissa) kerrotaan Johannes Kastajan lupauksesta, että Jeesus kastaisi Hengellä – Matt. 3:1–12; Mark. 1:1–8; Luuk. 3:1–18; Joh. 1:19–34 ja Ap. t. 1:1–5. Voidaankin itse asiassa sanoa, että aina kun Jeesusta aletaan tutkia, on mahdotonta välttyä tekemästä sitä johtopäätöstä, että – ainakin Johannes Kastajan mukaan – Pojan tärkein tehtävä tulisi olemaan ihmisten kastaminen Pyhällä Hengellä.

Kun evankeliumeja sitten tutkitaan tuoreilla silmillä, voikin olla yllättävää, että – tämän johdannon jälkeen, jossa on nimenomaan puhuttu Pojan tehtävästä kastaa Hengellä – evankeliumeissa kuvataan Poikaa tekemässä kaikkea muuta paitsi kastamassa ihmisiä Hengellä.

Koko Uusi testamentti kuitenkin opettaa, että Poika voi antaa Hengen vasta sen jälkeen, kun hänet on kirkastettu kuolemassaan, ylösnousemuksessaan ja taivaaseenastumisessaan. Kaikissa evankeliumeissa puhutaan odotuksella siitä päivästä, jolloin Poika lähettää Hengen ja varustaa opetuslapset olemaan osallisia tehtäväänsä. Tämä havaitaan esimerkiksi kohdissa Matt. 28:19; Mark. 13:11; Luuk. 11:13, 24:44–49 sekä Joh. 7:39 ja 20:21–23. Tätä käsitellään myös laajemmin kirjassa *Hengen tunteminen*.

Yhteenvetona voidaan sanoa evankeliumien osoittavan, että:

Pojan tunteminen

◆ Henki varusti Pojan tämän ainutlaatuista tehtävää varten

◆ Henki ei ollut tarjolla muille Pojan maanpäällisen elämän aikana

◆ Pojan kuoleman, ylösnousemuksen ja taivaaseenastumisen jälkeen Poika antoi Hengen seuraajilleen varustaakseen heidät jatkamaan työtään.

Poika ilmoittaa Hengen

Edellä todettiin, että Jumalan ilmoittaminen ihmiskunnalle oli tärkeä osa Pojan monitahoista tehtävää. Tämä tarkoittaa, että aivan kuten Poika ilmoittaa Isän, hän ilmoittaa myös Hengen. Hengen työtä Vanhassa testamentissa käsitellään kirjassa *Hengen tunteminen*. Siinä havaitaan, että Henki oli nimenomaan Jumalan voima – Jumalan puhaltava tuuli, pyörremyrsky, jota ei voitu ennakoida. Uudessa testamentissa Henkeä ei kuitenkaan enää kohdata paljaana voimana, vaan hänet on puettu Pojan persoonaan ja luonteeseen. Kuten kohdat Ap. t. 16:7 ja Fil. 1:19 (useimmissa raamatunkäännöksissä) selittävät, hän on "Jeesuksen Henki".

Tämä tarkoittaa, että Poika on riippuvainen Hengestä saadakseen voimaa ja johdatusta ja kyetäkseen tekemään asioista, mutta että myös Henki on riippuvainen Pojasta tullakseen ilmoitetuksi. Tämä sama jumalallinen vastavuoroinen riippuvuus nähdään myös Pojan ja Isän välillä, ja tätä tarkastellaan osassa 7.

Johanneksen evankeliumi painottaa vahvasti sekä Pojan ja Hengen välistä että Isän ja Pojan välistä riippuvuussuhdetta. Pojan ja Hengen välinen suhde on erityisen selvä esimerkiksi jakeessa Joh. 16:7. Voidaankin sanoa, että kun Poika oli maan päällä, hän toi Hengen läsnäolon tänne paikallisesti, ja nyt kun hän on taivaassa, Henki tuo Pojan läsnäolon tänne maailmanlaajuisesti.

Poika oli maanpäällisen elämänsä aikana tiettyyn paikkaan ja aikaan rajattu, mutta hänen taivaaseenastumisensa teki

Poika ja Henki

mahdolliseksi Hengen tulemisen – Hengen, joka ei ole sidottu mihinkään paikkaan tai aikaan liittyviin rajoitteisiin. Nyt Poika voi Hengessä olla pysyvästi *koko* kansansa kanssa – me kaikki voimme olla hänessä ja hän voi olla meissä kaikissa.

Parakletos

Johanneksen evankeliumissa Poika paljastaa Hengen olevan *parakletos*. Kyseinen sana tarkoittaa sanatarkasti "kutsuttu vierelle", ja se voidaan kääntää puolestapuhujaksi, neuvonantajaksi, lohduttajaksi, auttajaksi, esirukoilijaksi, tukijaksi tai johdattajaksi. Se esiintyy kohdissa Joh. 14:15–18 ja 25–27, 15:26–27 sekä 16:7–15.

Johanneksen evankeliumin jakeessa 14:16 taas sanasta "toinen" käytetään kreikan kielen sanaa *allos*, eikä toista vaihtoehtoa *heteros*. Tämä selventää tyhjentävästi, että *parakletos* on "toinen samanlainen" eikä "toinen erilainen" kuin Jeesus. Kun katsomme Poikaa, saamme tietoa Hengestä; ja kun kuuntelemme Henkeä, kuulemme Pojan äänen.

Johanneksen evankeliumin jakeessa 14:18 tätä korostetaan vieläkin vahvemmin: kyseisessä jakeessa Jeesus lupaa, että hän *itse* tulee opetuslastensa luo Pyhän Hengen lähettämisessä ja lähettämisen kautta.

Vanhassa testamentissa vaikuttaa siltä, että Jumala antoi Mooseksen ja Elian (jotka oli varta vasten voideltu Hengellä) siirtää voitelunsa valitsemilleen työnsä jatkajille. Tämä havaitaan kohdissa 5. Moos. 34:9 ja 2. Kun. 2:9–15. Joosua ja Elisa jatkoivat Mooseksen ja Elian työtä samankaltaisella voitelulla varustettuina. Samalla tapaa myös Jeesus (joka oli voideltu Hengellä ilman mittaa) sai siirtää Hengen valitsemilleen seuraajilleen, niin että nämä kykenisivät jatkamaan hänen työtään. Tämän vuoksi Hengen ja Pojan välisellä yhteydellä onkin erittäin tärkeitä seurauksia sille, miten me elämme ja palvelemme opetuslapsina nykyään.

Tämä Hengen ja Pojan välinen yhteys merkitsee, että Henki toimii nyt samanlaisella tavalla kuin Poika toimi maanpäällisen toimintansa aikana.

Pojan tunteminen

◆ Poika tuli Isän luota Isän lahjana ihmiskunnalle, samoin *parakletos* – Joh. 3:16, 5:43 ja 16:28.

◆ Isä lähetti Pojan maailmaan itsensä edustajana, ja samoin Poika lähettää Hengen omassa nimessään – Joh. 5:43 ja 14:26.

◆ Poika pysyi opetuslasten kanssa ja ohjasi heitä, ja samoin Henki jää olemaan opetuslasten kanssa ja ohjaamaan heitä – Joh. 14:16–18.

◆ Poika opetti opetuslapsilleen totuuden, sillä hän oli lihaksi tullut totuus, ja samoin totuuden Henki johtaa opetuslapset tuntemaan koko totuuden Jeesuksesta – Joh. 14:6 ja 17, 15:26 sekä 16:13.

◆ Poika ei vetänyt huomiota itseensä vaan kirkasti Isää välittämällä Isän sanoman ihmiskunnalle, ja samoin *parakletos* ei puhu omalla arvovallallaan vaan ottaa ainoastaan sen, mikä on Pojan, ja välittää sen eteenpäin maailmalle – Joh. 8:28, 12:28, 16:14 ja 17:4.

◆ Poika todisti Isästä, ja samoin Henki todistaa Jeesuksesta – Joh. 8:14 ja 15:26–27.

Parakletos tuo siis Pojan läsnäolon maailmanlaajuisesti maan päälle opetuslapsille, mutta hän tuo sen myös niille maailman ihmisille, jotka eivät ole uskovia. Aivan kuten Jeesus tuli tavoittamaan kadotettuja ja kärsiviä, samoin jakeet Joh. 15:26–27 opettavat, että Henki tulee todistamaan maailmalle ja antamaan opetuslapsille kyvyn todistaa maailmalle.

Jakeissa Joh. 16:8–11 jatketaan selvittämällä, että Henki tulee paljastamaan maailman olevan väärässä sekä sen, mitä synti, vanhurskaus ja tuomio todella ovat. Tämä ei kuitenkaan ole uusi ilmoitus, sillä se on täsmälleen samaa, mitä Poika teki koko maanpäällisen toimintansa ajan – tämä havaitaan esimerkiksi kohdassa Joh. 9:35–41. Voidaankin itse asiassa sanoa, että:

◆ aivan kuten maailma kieltäytyi hyväksymästä Poikaa,

Poika ja Henki

se myös kieltäytyy hyväksymästä Henkeä – Joh. 1:10–11 ja 14:17

◆ aivan kuten Poika todisti ja sai siksi kohdata vihaa ja vastustusta, koska hän kertoi ihmisille epämiellyttävän totuuden, samoin tekee Henki – Joh. 7:7 ja 16:8.

Lapseuden Henki

Henki väritti Pojan toiminnan jokaista osa-aluetta – hän oli Jeesuksen elämän, voiman ja tunteiden lähde. Esimerkiksi:

◆ Henki täytti Jeesuksen riemulla – Luuk. 10:21

◆ Jeesus karkotti pahoja henkiä Hengen voimalla – Matt. 12:28

◆ Jeesus opetti Hengen voimalla – Ap. t. 1:2

◆ Jeesus uhrasi itsensä Hengen voimalla – Hepr. 9:14

◆ Hengen voimalla Jeesus teki hyvää ja paransi kaikki, jotka olivat joutuneet Paholaisen valtaan – Ap. t. 10:38.

Kaiken tämän tulisi oikeastaan olla itsestään selvää. Sitä, miten Poika palveli Hengessä ja Hengen kautta, tutkitaan tarkemmin kirjoissa *Hengen tunteminen*, *Palveleminen Hengessä* ja *Jumalan kuunteleminen*.

Henki kuitenkin vaikutti Poikaan myös aivan tämän lapseuden perustavanlaatuisimmalla tasolla. Kirjassa Isän tunteminen havaitaan, että Jeesuksen lapseus eroaa meidän lapseudestamme. Jeesus esimerkiksi syntyi Pyhän Hengen julki tulleen toiminnan vaikutuksesta, me emme; ja Jeesus oli Jumalan Poika perimältään, kun taas me olemme Jumalan lapsia ainoastaan adoption kautta.

Tästä huolimatta juuri Hengen omistaminen oli se seikka, joka teki Jeesuksesta messiaanisen Jumalan Pojan ja joka sai hänen kasteensa yhteydessä taivaasta kuulumaan äänen, joka julisti hänen olevan rakas Poika.

Jeesus saattoi kutsua Jumalaa nimellä "Abba" vain, koska hän oli rakas Poika. Vain se, jonka Henki oli erottanut muista,

Pojan tunteminen

joka oli Jumalan mielisuosion saanut Poika, uskalsi kutsua Jumalaa tällaisella tavalla – sillä vain Voidellulla on Pojan asemaan kuuluva läheinen suhde Isä Jumalan kanssa.

Niin kuin hyvin tiedetään, juuri tämän lapseuden, lapsen aseman, Poika luo myös meitä varten. Hengen kautta Poika tekee mahdolliseksi sen, että me voimme tuntea Isän "Abbana". Ja Pojan kautta Henki adoptoi meidät Kristuksen rinnalle tähän lapsen asemaan suhteessa Jumalaan ja tekee mahdolliseksi sen, että voimme olla osa Jumalan perhettä ja huutaa "Abba". Tämä havaitaan kohdassa Room. 8:14–17, ja aihetta tarkastellaan myös tyhjentävästi kirjassa *Isän tunteminen*.

Tämä on meidän ihmeellinen etuoikeutemme ja asemamme uskovina. Meillä on Jumalan Pojan Henki, ja se tekee meistä Jumalan lapsia ja antaa meille oikeuden käyttää tätä perheen sisäistä kutsumanimeä. Onkin aivan aiheellisesti sanottu, että koko hyvä sanoma voidaan tiivistää tuohon yhteen ainoaan sanaan "Abba" – ja tämä on lapseuden Hengen työtä.

Palvelemisen Henki

Kirjassa *Isän tunteminen* huomioidaan kohdan Mark. 14:35–36 paljastavan, että Jeesus kutsui Jumalaa "Abbaksi" odottaessaan Juudasta Getsemanen puutarhassa ristin tapahtumien häilyessä näköpiirissä. Kyseisessä kirjassa tarkastellaan myös kohtien Jes. 63:7–16 ja Ps. 89:19–26 pelastavaa, kolminaisuusopillista taustaa ja havaitaan, että tämän taustan nojalla Isän lähestyminen kutsumalla häntä "Abbaksi" merkitsi myös ristin kärsimysten ja uhrin hyväksymistä.

Toisin kuin Vanhan testamentin kuninkaat, jotka olivat vain pyrkineet arvonimeen *"Jahven Poika"*, Poika osoitti täydellistä luottamusta Isään silloinkin, kun se merkitsi kavaltamisen ja ristin kohtaamista tai kun siihen liittyi suurta uhrautumista ja kärsimystä. Pojan näkökulmasta lapseutta ei voinut erottaa palvelemisesta – sillä hänet oli voideltu kasteensa yhteydessä Hengellä olemaan niin kärsivä Palvelija *kuin myös* kuninkaallinen Messias.

Poika ja Henki

Kun Henki tuli Jeesukseen tämän kasteen yhteydessä, Markuksen evankeliumin jae 1:10 kertoo Hengen tulleen "kyyhkysen tavoin". Tällä on erittäin suuri merkitys, sillä 3. Mooseksen kirjan jakeissa 5:7–10 kerrotaan, että köyhät saivat tuoda syntiuhriksi kyyhkysen ja että kyyhkynen oli ainoa uhriksi hyväksytty lintu. Myös Maria ja Joosef toivat kaksi kyyhkystä temppeliin, kun he pyhittivät Jeesuksen Herralle.

Jordanilla kyyhkynen ilmestyi, kun Jeesus pyhitettiin toisen kerran – tällä kertaa palvelusta varten. Heprean kielen kyyhkystä tarkoittava sana on *yonah*: Joona, herra Kyyhkynen, lähetettiin kaukaiseen pakanamaahan tehtävänään julistaa parannuksen tekemistä syntisten pelastamiseksi, ja hänen täytyi viettää kolme päivää valaan vastassa ennen "ylösnousemustaan".

Kun siis Henki laskeutui kyyhkysen tavoin Poikaan, Henki paljasti sillä Pojan kutsun olla kärsivä Palvelija, joka oli kutsuttu saarnaamaan parannuksen tekemistä, pelastamaan syntisiä, kuolemaan ja nousemaan kuolleista kolmen päivän kuluttua. Pojan oli määrä olla kuuliainen Joona. Hänen palveleva tehtävänsä olisi vielä Joonankin tehtävää menestyksekkäämpää. Niinive pelastuisi – ja nimenomaan siksi, koska palvelemisen Henki oli tullut Poikaan.

Tälläkin on todellisia seurauksia meidän voideltuja ja palvelevia elämiämme ajatellen. Kun Poika kastaa meidät Hengellä, hän kutsuu meitä luottamaan Jumalaan oman Getsemanemme pimeydessä ja tuskassa ja olemaan kuuliaisia silloinkin, kun luontainen vaistomme käskee meitä valitsemaan helpomman tien. Tämä teema toistuu säännöllisesti Uudessa testamentissa, esimerkiksi:

- ◆ Apostolien tekojen jakeissa 4:29–31 kerrotaan, että nimenomaan sen jälkeen, kun ensimmäiset uskovat olivat joutuneet kärsimään Kristuksen tähden, he palasivat ystäviensä luo, rukoilivat rohkeutta (eivät turvallisuutta) ja kokivat Hengen aikaansaamaa vavahtelua.

- ◆ Apostolien tekojen jakeet 20:22–23 osoittavat, että

Pojan tunteminen

juuri Henki sai Paavalin vakuuttuneeksi siitä, että häntä odottivat Jerusalemissa kahleet ja ahdinko, ja hyväksymään kohtalonsa.

◆ Jakeet 1. Piet. 4:13–16 painottavat, että Henki kutsuu meitä osallisiksi Kristuksen kärsimyksistä.

Todistamisen Henki

Kyyhkynen Jeesuksen kasteen yhteydessä ei ainoastaan viittaa Joonan kärsivään palvelukseen vaan myös Joonan tehokkaaseen todistamiseen. Kyyhkynen ilmestyi Raamatussa ensimmäisen kerran jakeissa 1. Moos. 8:1–12, ja tuolloin se oli todiste sekä Jumalan uudesta luomakunnasta että Nooan perheen uudesta elämästä Jumalan moninaisissa lupauksissa.

Kyyhkysen kaltainen todistamisen Henki tuli Poikaan Jordanilla, ja Poika alkoi välittömästi todistaa Hengen voimassa. Tämä havaitaan kohdassa Luuk. 4:18, ja sama tapahtui myös opetuslasten kohdalla sen jälkeen, kun Poika oli voidellut heidät Hengellä helluntaina.

Apostolien tekojen alussa kerrotaan noin 120 opetuslapsesta koostuneesta pelokkaasta ryhmästä, joka oli sulloutuneena rukoilemaan erääseen yksityiseen huoneeseen. Tämän jälkeen Apostolien teoissa kuitenkin jatketaan kertomalla, kuinka näistä opetuslapsista tuli voimallisia todistajia, jotka kestivät ankaraa vastustusta ja perustivat kukoistavan seurakunnan, joka levittäytyi kaikkialle Rooman keisarikunnan alueelle.

Todistamisen Henki on havaittavissa Apostolien tekojen jokaisella sivulla siinä, kun ihmisiä parantuu, vapautuu, kääntyy ja lähetetään ja kun he muuttuvat ylösnousseen Pojan uskottaviksi todistajiksi. Ja juuri Pyhä Henki on aina opetuslasten tehokkuuden pääasiallisin syy.

Kirjassa *Hengen tunteminen* havaitaan, että todistaminen on Pyhän Hengen ydintä. Johanneksen evankeliumin jakeet 15:26–27 osoittavat, että Hengen kaksi tärkeintä tarkoitusta ovat:

Poika ja Henki

◆ Pojasta todistaminen

◆ auttaa meitä todistamaan Pojasta.

Lisäksi Apostolien tekojen jae 1:8 lupaa, että Hengen voitelu saa aina aikaan sitä, että:

◆ opetuslapsista tulee voimallisia Pojan todistajia.

Kirjassa *Hengen tunteminen* selvitetään, että Henki tuo aina ratkaisevaa muutosta. Hän haluaa täyttää meidät Pojan voimalla ja puhtaudella, ohjata meitä tekemään Pojan tekoja ja tehdä meidät kykeneviksi elämään Pojan läsnäolossa: ja hän haluaa tehdä tätä kaikkea, jotta me tuntisimme Pojan paremmin ja myös tekisimme häntä paremmin tunnetuksi muille.

Kaikki nämä Hengen mahtavat teot liittyvät kuitenkin Hengen ensisijaiseen tarkoitukseen, todistamiseen. Edellä havaittiin jakeesta Luuk. 4:18 Jeesuksen väite, että hänet oli voideltu Hengellä erityisesti evankelioimaan kärsiviä. Tämä sama tarkoitus voidaan nähdä voitelemisen taustalla myös kaikkialla muualla Uudessa testamentissa. Aina kun ihmisiä täytettiin tai voideltiin Pyhällä Hengellä, tehokasta todistamista alkoi hyvin pian ilmetä.

Jakeiden Ap. t. 2:41–47, 4:31–33, 6:10, 9:17–28, 10:44–46, 13:9–12, 19:6–20; 1. Tess. 1:5–8; Hepr. 2:4 ja 1. Piet. 1:12 kaltaiset kohdat osoittavat, että Jumalan korottaminen ja Jeesuksesta todistaminen olivat suoraa seurausta siitä, kun Poika antoi ihmisille todistamisen Hengen.

Voidaankin sanoa, että Henki synnytti seurakunnassa tämän pakottavan tarpeen todistaa. Helluntaina seurakunnasta tuli luonnostaan "Pojasta todistava" seurakunta, sillä todistuksen Henki oli tullut siihen. Tämä havaitaan jakeiden Ap. t. 4:20 kaltaisista kohdista.

Kun kootaan yhteen lapseuden, palvelemisen ja todistamisen säikeet ja ymmärretään, että Henki on Jeesuksen Henki, voidaan oikeutetusti olettaa, että samankaltaisia Hengen toiminnan merkkejä voidaan nähdä myös Pojan voideltujen seuraajien elämissä.

Pojan tunteminen

Uusi testamentti esimerkiksi osoittaa, että Henki teki Pojan opetuslapset kykeneviksi:

- olemaan Jeesuksen todistajia – Ap. t. 1:8
- todistamaan Jeesuksen ylösnousemuksesta – Ap. t. 4:33
- tekemään suuria ihmeitä ja tunnustekoja – Ap. t. 6:8
- omaamaan runsaan toivon – Room. 15:13
- tekemään tunnustöitä ja ihmeitä – Room. 15:18–19
- puhumaan ja julistamaan – 1. Kor. 2:4–5
- kestämään vaikeuksia – 2. Kor. 6:6–10
- iloitsemaan heikkoudesta – 2. Kor. 12:9–10
- vahvistumaan ja voimistumaan Jumalan rakkauden tuntemiseksi – Ef. 3:16
- vastustamaan vihollista rukouksessa – Ef. 6:10–18
- julistamaan evankeliumia – 1. Tess. 1:5
- olemaan kärsivällisiä – Kol. 1:11
- olemaan osallisia Kristuksen kärsimyksiin – 2. Tim. 1:8.

Voimme siis odottaa "Jeesuksen Hengen" toimivan samankaltaisella tavalla myös meidän elämissämme nykyään. Voimme odottaa Hengen antavan meille syvempää varmuutta siitä, että todella olemme Jumalan adoptoituja lapsia. Voimme odottaa hänen kutsuvan meitä palveluksen tielle ja olemaan valmiita olemaan ilolla osallisia Pojan kärsimyksiin. Ja voimme odottaa Hengen lähettävän meidät maailmaan ja todistavan Pojasta hänen henkilökohtaisella voimallaan ja tehokkuudellaan.

Osa 7

Poika ja Isä

Kirja *Isän tunteminen* alkaa käsittelemällä kolminaisuusopillisia Isän, Pojan ja Hengen välisiä suhteita, minkä jälkeen siinä keskitytään Isän suhteeseen Poikansa kanssa. Kirjassa havaitaan, että:

◆ Isä on riippuvainen Pojasta ja että hän on antanut kaiken Pojalle; Isä ei toimi, puhu tai annan itseään Pojasta irrallisena

◆ Isä harjoittaa yksinvaltiuttaan yhdessä Pojan kanssa, joka toteuttaa ja ilmoittaa Isän tahdon

◆ Isä ilmaisee identiteettinsä Pojassa, sillä juuri Poika tekee hänet tunnetuksi

◆ Isä on olemukseltaan ja luonnoltaan identtinen Pojan kanssa

◆ Isä toimii kumppanuudessa Pojan kanssa luomisessa, pelastuksessa ja tuomiossa

◆ Isän suhde Poikaan on evankeliumin ytimessä, sillä isyyteen ja lapseuteen liittyy sekä keskinäinen riippuvuus että jaettu elämä.

Vaikka Isä onkin riippuvainen Pojasta identiteettinsä, ilmoituksensa ja tekojensa suhteen, tämä ei ole koko totuus kolmiyhteisestä Jumalasta. Meidän tulee myös ymmärtää, että Poika on täysin riippuvainen Isästä ja että hän antaa itsensä aina täysin Isälle.

Poika saa identiteettinsä Isältä

Aivan kuten kirjassa *Isän tunteminen* havaitaan, että Isä tunnistetaan siitä, millainen suhde hänellä on Poikaan, samoin

Pojan tunteminen

Poika saa identiteettinsä siitä, millainen hänen suhteensa Isään on. Eikä hän saa sitä vain yhtä kertaa vaan aina uudelleen ja uudelleen ainutlaatuisen tehtävänsä jokaisessa vaiheessa.

Poika sai jokaisessa elämäänsä ja kuolemaansa liittyvässä käännekohdassa tuoreen vahvistuksen henkilökohtaisesta identiteetistään: hän oppi aina uudestaan tuntemaan suhteensa Isään, kun hän Hengen voimassa tunnusti näissä käännekohdissa "Abba".

Identiteetin määrittäminen
Ihmiset ovat aikojen kuluessa etsineet monista eri suunnista viitteitä siitä, keitä he todella ovat. Jotkut ihmiset katsovat *sisäänpäin* määrittääkseen itsensä psykologisesti. Toiset katsovat *taaksepäin* määrittääkseen itsensä sen menneisyyden perusteella, josta he ovat ponnistaneet. Ja jotkut taas katsovat *ulospäin* määrittääkseen itsensä saavutustensa perusteella.

Jeesus samastui näihin edellä mainittuihin psykologisiin, historiallisiin ja toimintaan perustuviin tapoihin tunnistaa ja määrittää itsensä. Hän tunsi Isän syvällisen sisäisen kokemuksen tasolla, mutta hän ei luottanut itse tuohon kokemukseen. Sen sijaan hän luotti ainoastaan Isän todellisuuteen ja arvovaltaan – Isän, joka puhui hänelle tuossa sisäisessä kokemuksessa.

Jeesus myös tiesi, että hänen historialliset juurensa olivat parhaat ja syvimmät mahdolliset, sillä hän oli Kuningas Daavidin jälkeläinen ja kuului Israelin kuninkaalliseen, lupauksen sukuhaaraan. Silti Jeesus ei ollut sidottu menneisyyteensä tai sukunsa perinteisiin, sillä hänen perimmäinen luottamuksensa oli aina hänen taivaallisessa Isässään pikemmin kuin hänen maallisessa sukuhaarassaan.

Lisäksi Jeesuksella oli pitkä luettelo suuria saavutuksia messiaanisen väitteensä todisteeksi – tämä havaitaan esimerkiksi kohdassa Matt. 11:4–6 –, mutta nämä olivat hedelmää hänen luottamuksestaan siihen, kuka hän oli, eivät sen lähde. Jeesuksen teot olivat seurausta hänen Pojan asemastaan, hänen lapseudestaan, ne eivät tehneet hänestä Poikaa. Hän ajoi ulos riivaajia, paransi sairaita ja julisti

Poika ja Isä

valtakuntaa *koska* hän oli Voideltu Poika. Hänen toimintansa oli hänen kuuliaisuuttaan identiteetilleen pikemmin kuin hänen tapansa saavuttaa identiteettinsä. Hänen suhteensa Isään oli aina etusijalla verrattuna hänen palvelemiseensa Isän kanssa ja Isää varten.

Voidaankin siis sanoa, että Jeesus sai Pojan identiteettinsä niin kokemuksensa, taustansa kuin toimintansakin kautta. Hän tiesi olevansa "Kristus, elävän Jumalan Poika" – eikä ainoastaan tietämällä, että se hän oli, vaan koska hän tunsi Isän. Yksinkertaisesti sanottuna Jeesus tunsi itsensä Poikana, koska hän tunsi Jumalan Isänä.

Jeesus temppelissä
Luukkaan evankeliumin jakeissa 2:41–50 kerrotaan, kuinka Jeesus jäi yksin temppeliin, kun hänen vanhempansa lähtivät Jerusalemista. Tämän kertomuksen merkityksellisyys perustuu suurimmaksi osaksi siihen tosiseikkaan, että se tapahtui sinä vuonna, kun Jeesus saavutti juutalaisen aikuisuuden.

Juuri hänen nuoren miehen oivalluksensa siitä, että Jumala oli hänen Isänsä, sai hänet laittamaan suhteensa vanhempiinsa toiselle sijalle. Yhtäkkiä hän ymmärsi, että hänen huomionsa, uskollisuutensa ja kuuliaisuutensa kuului ensisijaisesti Isälle: Pojan täytyy huolehtia juuri Isän asioista.

Jakeessa Luuk 2:49 Jeesuksen ensimmäiset muistiin merkityt sanat (kuten hänen viimeisensäkin ristillä jakeessa 23:46) kuvaavat hänen suhdettaan Isään. Tämä saattaa olla Luukkaan tapa kertoa, että kun puhutaan Pojasta, hänen suhteensa Isään tulee ensimmäisenä, viimeisenä ja kaikkialla näiden välissä.

Jeesus Jordanilla
Edellä havaittiin, että Jeesuksen oivallus omasta Pojan asemastaan on ehdottoman olennainen osa hänen kastettaan. Kun Poika nousee vedestä ja pyhittäytyy tehtäväänsä, Isä puhuu ja Henki laskeutuu. Kuten apostoli Paavali opettaa Roomalaiskirjeen jakeissa 8:15–17, uusi tietoisuus Pojan

Pojan tunteminen

asemasta ja uusi Hengen vuodattaminen ovat tiivisti yhteydessä toisiinsa.

Kun Jeesus jälleen ymmärtää olevansa Poika, hän ottaa samalla haltuunsa Pojalle kuuluvan perintöosan. Hän lähtee Jordanilta täynnä uudenlaista varmuutta Pojan asemastaan ja alkaa harjoittaa Hengen arvovaltaa, mikä on hänen oikeutensa Poikana.

Edellä selvitettiin, että Isän sanat heijastelevat kohtia Ps. 2:7-8 ja Jes. 42:1 ja toteavat Jeesuksen Messiaaksi ja Palvelijaksi. Lisäksi tulee ymmärtää, että ne heijastelevat myös 1. Mooseksen kirjan jakeita 22:2-16, joissa Iisakia kutsutaan "ainoaksi pojaksi, jota rakastat". Tämä on selvä profeetallinen viittaus uhrautuvaan poikaan: mitä Abrahamin annettiin viime hetkellä olla tekemättä, sen Isä oli nyt valmistautumassa antamaan – ainoan Poikansa, jota hän rakasti.

Jeesus autiomaassa

Luukkaan selonteko Pojan kiusauksista jakeissa 4:1-13 keskittyy paholaisen hyökkäyksiin sitä uutta tietoisuutta vastaan, jonka Jeesus oli kasteessaan saanut koskien Pojan asemaansa. Sekä ensimmäinen että kolmas kiusaus alkavat sanoilla "Jos kerran olet Jumalan Poika..." ja haastavat Jordanilla puhuneen äänen totuudenmukaisuuden ja arvovallan.

Ensimmäinen kiusaus hyökkää Pojan kuuliaisuutta vastaan: häntä yritetään saada käyttämään omaa voimaansa leiväntarpeensa täyttämiseksi pikemmin kuin tottelemaan Isän hänelle puhumia sanoja. Kolmas kiusaus taas hyökkää Pojan luottamusta vastaan, luottamusta siihen, mitä Isä on hänelle sanonut: häntä yritetään saada todistamaan Pojan asemansa, koska hän ei enää usko siihen. Paholainen antaa ymmärtää, että kokeellinen hyppy tarjoaa Pojan tarvitseman todisteen. Saatana väittää, ettei riitä, että Poika vain kuulee Isän puhuvan, vaan että Pojan tulee myös käyttää voimaansa todistaakseen itselleen, että hän todella on Poika. Jeesus kuitenkin erinomaisella tavalla paljastaa ja voittaa molemmat näistä kiusauksista.

Poika ja Isä

Oikeanlainen pojan suhde isään on riippuvuutta, joka koostuu kuuliaisesta luottamuksesta ja luottavaisesta kuuliaisuudesta. Siksi onkin merkittävää, että saatana hyökkää Jeesusta vastaan näillä molemmilla osa-alueilla. Jos Poika olisi epäonnistunut tässä, hänen koko tehtävänsä ja toimintansa olisi epäonnistunut ennen kuin se edes alkoi.

Jeesus ei kuitenkaan epäonnistu. Ja kerrottuaan Jeesuksen kiusauksista Luukas jatkaakin kertomalla Jeesuksen toiminnasta Nasaretissa. Kun Jeesuksen luottamus ja kuuliaisuus tulivat näin vahvistettua, hän menee kotikaupunkiinsa varmana siitä, että hän on kuuliainen Poika, joka on uskonut, mitä hänen Isänsä on hänelle puhunut. Hän on Poika, jonka yllä Isän mielisuosio ja Henki lepäävät. Hän voi kulkea eteenpäin kohti kaikenlaista vastustusta tietäen, että Isä on hänen kanssaan ja kunnioittaa, mitä hän on sanonut.

Jeesus kirkastumisessaan
Ratkaisevan päätöksensä hetkellä, päättäessään kääntyä kohti Golgataa, Jeesus saa jälleen kerran kuulla Isältä, kuka hän on. Hän on opettanut opetuslapsille olevansa menossa Jerusalemiin kärsimään ja kuolemaan, ja kirkastuminen on Jumalan antama vahvistus hänen päätökselleen. Ensin Mooses ja Elia, laki ja profeetat, puhuvat hänelle. Sitten Isä puhuu ja toistaa Jordanilla lausumansa sanat – kahta merkittävää eroavaisuutta lukuun ottamatta.

Vanhimmat ja parhaat käsikirjoitukset osoittavat, että jakeessa Luuk. 9:35 sana *eklelegmenos*, "valittu", on korvannut sanan *agapetos*, "rakastettu". Lisäksi ilmaus *autou akouete*, "kuulkaa häntä", on korvannut ilmauksen "johon olen mieltynyt". Koska Jeesus on valittu kulkemaan kuuliaisen kärsimisen tien (ja hän on valinnut kulkea sen), hänellä on uusi oikeus tulla kuulluksi, uusi arvovalta ihmisten keskellä.

Kun Poika valmistautuu kirkastamaan kuolemassaan Isän, samoin Isä valmistautuu kirkastamaan Pojan tunnustamalla ja vahvistamalla Pojan tehtävän uudelleen. Yksinkertaisesti sanottuna Pojan asema merkitsee sitä,

Pojan tunteminen

että Poika on valittu kalliiseen kuuliaisuuteen *ja* asetettu arvovaltaiseen asemaan.

Jeesus puutarhassa
Kun Jeesuksen tuskan hetket Getsemanen puutarhassa alkavat, hän löytää voimaa vahvistamalla uudelleen suhteensa "Abbaan". Hän kykenee ottamaan Jumalan vihan maljan, hylkäämisen ja tuomion, koska käsi, joka tuon maljan antaa, on kuitenkin hänen Isänsä käsi.

Luukkaan evankeliumin jae 22:43 osoittaa, ettei Getsemanessa ilmennyt ainoastaan Pojan rukousta ja anomista vaan myös Isän ilmoitusta ja vahvistamista. Poika kykenee kohtaamaan ristinkuolemansa ainoastaan tässä voimassa, joka tulee hänen yhteydestään Isän kanssa.

Jeesus ristillä
Luukas korostaa tätä samaa uudelleen kertomalla, että kaksi Jeesuksen ristillä lausumista lauseista ovat "Abba"-lauseita – Luuk. 23:34 ja 23:46.

Näistä ensimmäinen osoittaa, että muille kohdistettu anteeksianto välittyy sen rukouksen kautta, jonka Poika lausuu ristillä Isälle. Toinen (joka heijastelee Jeesuksen nuoren miehen sanoja temppelissä) taas osoittaa, että Poika kuolee rauhallisella ja luottavaisella mielellä, sillä hän tietää, että Jumala on edelleen hänen Isänsä.

Puutarhassa "Abba" oli se, jota täytyi totella, kun hän lausui ehdottomat vaatimuksensa. Ristillä taas "Abba" on se, jolta voidaan luottaa saavan ihmeellistä lohdutusta. Pojan aktiivinen kuuliaisuus, joka on antanut kaiken uhrina, muuttuu passiiviseksi luottamukseksi, joka hyväksyy kaiken kuolemassa.

Voidaankin sanoa, että teini-ikäisestä nuorukaisesta temppelissä aina mieheen ristillä, jokaisessa ratkaisevassa kiusausten, päätöksenteon, kärsimyksen ja kuoleman hetkessään Jeesus aina löytää Pojan identiteettinsä ja varmuutensa suhteestaan Isäänsä.

Poika ja Isä

Aina kun Jeesus sitä tarvitsee, Jumala antaa hänelle uuden ilmoituksen isyydestä ja lapseudesta, ja juuri tämä vahvistaa Jeesusta vastaamaan Isälle luottamuksella ja kuuliaisuudella.

Poika on riippuvainen Isästä
Kirjassa *Isän tunteminen* selvitetään, että Isä on riippuvainen Pojasta. Nyt täytyy lisäksi ymmärtää, että myös Poika on riippuvainen Isästä.

Poika on riippuvainen Isästä, koska juuri Isä ilmoittaa Pojan ja tekee Pojan tunnetuksi – aivan kuten juuri Poika ilmoittaa Isän ja tekee Isän tunnetuksi muille. Tämäkin on yksi esimerkki jumalallisesta vastavuoroisesta riippuvuudesta, jota tarkasteltiin osassa 6.

Poika kirkastaa Isän (tekee hänet tunnetuksi läsnäolossaan, luonnossaan ja voimassaan), ja Isä todistaa Pojasta ja kirkastaa Pojan. Jeesuksen sanat ja teot sisältävät siis molemminpuolista Isän ja Pojan kirkastamista.

Kannattaa panna merkille, että Matteuksen ja Johanneksen evankeliumeissa se, kun ihmiset tunnistavat ja tunnustavat Jeesuksen salaisuuden ja persoonan, luetaan yleensä Isän ansioksi – kun taas muualla Uudessa testamentissa se luetaan pikemminkin Pyhän Hengen ansioksi.

Tämä osoittaa, että Isän toiminnan ja Hengen toiminnan välillä on perustavanlaatuinen yhteys. Onhan Henki loppujen lopuksi Isä ja Poika ojentautumassa kommunikaatiossa ja rakkaudessa itseään laajemmalle toisiaan kohti. Tämän vuoksi toistensa ilmoittaminen voidaan aivan oikeutetusti lukea sekä erikseen jokaisen heidän ansiokseen että heidän yhteiseksi ansiokseen.

Matteuksen evankeliumin jaetta 11:27 käsitellään hieman yksityiskohtaisemmin kirjassa *Isän tunteminen*, ja siinä havaitaan, että Poika tuntee Isän aivan ainutlaatuisella tavalla ja että Isä tuntee Pojan aivan ainutlaatuisella tavalla. He ovat riippuvaisia toisistaan, ja juuri tämä on se perustavanlaatuinen suhde, joka löytyy sekä Jumalan ilmoituksen että pelastuksen

Pojan tunteminen

taustalta: voimme tuntea heistä molemmat vain toisen osapuolen toiminnan seurauksena.

Tämä voidaan havaita Matteuksen evankeliumin jakeessa 16:17, jossa Jeesus toteaa, että se kun Pietari tunnustaa Jeesuksen Messiaaksi ja Jumalan Pojaksi, on Isän työtä, ei Pietarin. (Mielenkiintoista on, että 1. Korinttolaiskirjeen jakeessa 12:3 lähes identtinen tunnustaminen luetaan kuitenkin Pyhän Hengen ansioksi. Tässä ei ole ristiriitaa, sillä nyt juuri Henki toteuttaa Isän tahdon maan päällä ilmoittamalla hänen totuutensa, rakkautensa, armonsa ja voimansa ihmisille.)

Johanneksen evankeliumin luku 6
Johanneksen evankeliumin luvun 6 jakeissa 22–66 Jeesus tunnustaa toistuvasti, kuinka riippuvainen hän on Isän toiminnasta tilanteissa, joissa ihmiset "tulevat hänen luokseen".

Jakeessa 36 hän asettaa "näkemisen" ja "uskomisen" vastakkain sanomalla, että jotkut ihmiset ovat nähneet hänet mutta eivät uskoneet. Kaikkialla näissä jakeissa Jeesus selittää, mikä määrittää sen, "uskovatko" ne, jotka "näkevät" Pojan, myös häneen (jae 40), "vedetäänkö" heitä hänen luokseen (jae 44), "tulevatko" he hänen luokseen (jae 65) ja niin edelleen. Hän väittää tiukasti, että juuri *Isä* antaa hänelle opetuslapsia (jae 37), vetää ihmisiä hänen luokseen (jae 44) ja suo ihmisille mahdollisuuden tulla hänen luokseen (jae 65).

Aina kun joku tulee Jeesuksen luo, – inhimillisen syntien tunnustamisen, seuraamisen ja opetuslapseuden – taustalla on Isällistä valitsemista, ilmoittamista ja mahdollisuuden suomista, jotka Jeesus tunnistaa ja joista hän puhuu.

Isän armollinen teko ei tietenkään sulje pois sitä, että tarvitaan ehdottomasti myös ihmisen aito teko, mutta se edeltää ihmisen tekoa, tekee sen mahdolliseksi ja tukee sitä. Voidaan sanoa, että Isän valinta on ihmisen valitsemisen taustalla; että Isän vetäminen on ihmisen tulemisen taustalla; että Isän ilmoitus on ihmisen uskomisen taustalla ja niin edelleen.

Poika ja Isä

Jae 37 osoittaa, että Jeesus ottaa aina vastaan kaikki, jotka tulevat hänen luokseen, sillä hän tietää, ettei heidän tulemisensa ole lähtöisin hänestä tai heistä vaan Isästä. Kuuliainen Poika siis ottaa vastaan kaikki, jotka yksinvaltias Isä lähettää.

Johanneksen evankeliumissa Hengen kerrottaan toimivan pitkälti samalla tavalla kuin Isä: tämä havaitaan esimerkiksi kohdissa Joh. 3:5, 6:63 ja 16:15. Useimmat tutkijat tulkitsevat tämän raamatulliseksi kolminaisuusopilliseksi perusajatukseksi. Jotkut kuitenkin antavat ymmärtää, että on olemassa ero sen väillä, että Isä antaa itsevaltiaana ilmoituksen jollekin ihmiselle ja että Henki tekee armontäyteisellä tavalla tuon ihmisen kyvykkääksi tekemään päätöksen. Muutamat harvat tutkijat vielä väittävät, että Isä toimii ulkoapäin luoden suotuisat rakentavat olosuhteet, kun taas Henki toimii sisältäpäin luoden sisäisen hengellisen avoimuuden.

Mikä Isän toiminnan ja Hengen toiminnan välinen suhde sitten tarkalleen ottaen onkaan, on selvää, että Poika tarvitsee Isää ilmoittamaan itsensä ihmisille ja tuomaan ihmiset luokseen. Voidaankin sanoa, että Jeesus on täysin riippuvainen siitä, että Isä kirkastaa Poikansa ja tekee Pojan tunnetuksi.

Poika alistuu Isän tahtoon
Kirjassa *Isän tunteminen* havaitaan, että Isän tahto toteutuu ensisijaisesti Pojan kautta – Poika on sen toteuttaja. Nyt täytyy lisäksi ymmärtää, että Pojan jokainen teko on riippuvainen Isästä ja Isän määräämä. Vaikka Isä ja Poika ovatkin tasavertaisia perimmäiseltä luonnoltaan, Poika alistuu vapaaehtoisesti Isän suunnitelmiin. Tällä antautumisella viitataan vapaaehtoiseen toiminnalliseen sopimukseen, ei ontologiseen alistumiseen.

Jokainen Jeesuksen sana ja teko on lähtöisin Isästä, Isän ohjaamaa ja kohdistettu Isän persoonaan ja tarkoituksiin sekä Isän kirkkautta varten. Jeesus on täysin alistunut Isälle, ei persoonattomalle käskylle tai määräykselle.

Pojan sanat ja teot ovat ensimmäisestä viimeiseen aina kuuliaista toimintaa. Hän ei koskaan tee oletuksia tai ole

Pojan tunteminen

tottelematon, eikä hän koskaan tee aloitetta tai keksi jotakin uutta. Sen sijaan hän erottaa aina Isän tahdon ja noudattaa sitä. Tämä ei rajoita hänen spontaanisuuttaan tai vapauttaan, vaan on sen sijaan niiden lähde – sillä Poika reagoi kaikkeen ja kaikkiin isäsuhteensa asiayhteydestä käsin.

Isä on Pojan tehtävän lähde

Koko Uusi testamentti painottaa sitä, että Jeesus on merkittävin *apostolos*, "lähetetty". Isä lähetti hänet täyttämään tehtävän, jonka oli hänelle antanut. Esimerkiksi Heprealaiskirjeen jae 10:7 lainaa Psalmia 40:8 ja nimeää Pojan perimmäisen vaikuttimen ja liikkeelle laittavan tarkoituksen.

Johanneksen evankeliumi painottaa tätä seikkaa toistuvasti. Jae Joh. 6:38 edustaa suurta joukkoa jakeita, jotka kaikki sanovat samaa asiaa – että Poika tuli taivaasta, ei tekemään oman tahtonsa mukaan, vaan täyttämään lähettäjänsä tahdon.

Aivan Johanneksen evankeliumin lopussa, jakeessa 20:21, Jeesus kutsuu opetuslapsensa osaksi juuri tämän saman tehtävän toteuttamista, jota toteuttamaan Isä oli hänet kutsunut ja lähettänyt.

Isä hallitsee Pojan tehtävää

Luukkaan evankeliumin jakeessa 7:8 roomalainen sadanpäällikkö tunnistaa välittömästi, että Jeesus on arvovallan alla oleva mies – ja Jeesus on nimenomaan Isänsä arvovallan alla.

Jeesuksen maanpäälliseen elämään liittyi salattu, hallitseva, jatkuva, henkilökohtainen ohjaus, joka muovasi hänen jokaista päätöstään. Tämän seurauksena Pojan tahto, sanat, ajatukset ja teot olivat aina alistuneita Isän tahdolle, sanoille, ajatuksille ja teoille.

Tämäkin on erityisen selvää juuri Johanneksen evankeliumissa: kohta Joh. 5:19–20 on hyvin tyypillinen esimerkki tästä ja osoittaa, ettei Poika koskaan tee mitään omaansa, vaan hän sen sijaan tekee *ainoastaan* sen, mitä näkee Isänsä tekevän. Tämä ei ole kuiva teologinen periaate – se on elävä kuvaus Pojan päivittäisestä antautuneesta elämästä. Ja tämä oli tietenkin mahdollista ainoastaan rukouksen kautta. Jeesuksen rukoilevaa antautumista Isän tahtoon käsitellään *Hengen miekka* -kirjasarjan osassa *Toimiva rukous*.

Isä on Pojan tehtävän tulevaisuus

Voitaisiin sanoa, että Isä on Pojan tehtävän tulevaisuus kahdella tapaa. *Ensinnäkin* Pojan loppuun suoritettu työ on alistettu Isän päätösvallan alle, hänen arvioitavakseen, *ja toiseksseen* Poika rakentaa valtakuntaa Isää varten ja – kun se tulee valmiiksi – antaa sen Isälle. Tämä havaitaan kohdassa 1. Kor. 15:28. Tämä on oleva Pojan elämän mahtavin hetki – kun hän tekee lopun kaikesta kapinoinnista Jumalaa vastaan ja antaa valtakunnan täysin ennalleen asetettuna takaisin Isälle.

Apostoli Paavalin kuvaus Pojan alistumisesta Isälle 1. Korinttolaiskirjeen luvussa 15 vaikuttaa edustavan Paavalin ymmärrystä siitä, kuinka ehdottoman ensisijainen Isä on. Kyseisessä luvussa Paavali selittää, että kaikki tuli alussa Isältä Kristuksen kautta ja että kaikki palaa lopussa Isän luo Kristuksen kautta. Kaikki on Isältä ja Isälle Kristuksen kautta.

Paavali toteaa saman ajatuksen hieman yksinkertaisemmin myös Filippiläiskirjeen jakeessa 2:10. Tuossa jakeessa hän osoittaa, että tuleva laajasti tapahtuva Kristuksen herruuden tunnustaminen ei tapahdu Pojan kunniaksi vaan Isän kirkastamiseksi.

Tästä voidaan päätellä, että Pojan ainutlaatuinen tehtävä on:

- ◆ Isältä, joka on sen alulle pannut lähde
- ◆ Isän kanssa, joka on sen lakkaamaton arvovalta
- ◆ Isälle, joka on sen perimmäinen tarkoitus.

Poika kuuntelee Isää

Pojan aktiivinen antautuminen Isälle on hänen Pojan asemansa ytimessä (ja siten myös meidän lapseutemme ytimessä) – kuten painotetaan läpi koko tämän *Hengen miekka* -kirjasarjan.

Pojan tunteminen

Siihen liittyy aina ennakko-oletuksena se, että Poika kuuntelee aktiivisesti ja jatkuvasti Isää.

Se miten Poika maan päällä kommunikoi taivaallisen Isän kanssa, ilmaisee inhimillisessä muodossa ainutlaatuista Hengessä tapahtuvaa Isän ja Pojan välistä ikuista kommunikointia. Tapa, jolla Isä ohjaa ihmiseksi tullutta Poikaa, on täsmälleen se tapa, jolla hän ohjaa meitä, vaikkakin Pojan ohjaamisen tarkoitus eroaakin meidän ohjaamisemme tarkoituksesta. Tätä käsitellään tarkemmin kirjassa *Jumalan kuunteleminen*.

Poika kuuntelee tapahtumien kautta

Isä osoitti Pojalle, mitä hän oli tekemässä maailmassa. Mutta hän ei tehnyt tätä ensisijaisesti hengellisten näkyjen kautta vaan pitkälti niiden inhimillisten tapahtumien asiayhteydessä, joita maailmassa tapahtui Pojan ympärillä.

Evankeliumit osoittavat, että Jeesus suhtautui hyvin avoimesti maailmaansa ja kaikkien ympärillään olevien ihmisten tekemisiin: juuri tämä oli se näyttämö, jonka puitteissa Isä osoitti Pojalle, mitä hän oli tekemässä.

Tämä on varmastikin pääsyy sille, miksi Jeesus opetti niin useasta aiheesta vertauksin. Yhdestä näkökulmasta tarkasteltuna vertauksiin naisesta ja tämän kolikosta, palvelijasta ja tämän velasta tai maanviljelijästä ja tämän sadosta ei liity erityistä hengellistä ilmoitusta. Toisesta näkökulmasta tarkasteltuna – sen näkökulmasta, jolla on näkevät silmät ja kuulevat korvat – ne ovat kuitenkin kieli, jolla Isä puhuu Pojalleen ja Pojan kautta kaikille lapsilleen.

Kun ymmärrämme, että Jeesus puhuu ainoastaan sen, mitä hän kuulee Isänsä sanovan, emme voi muuta kuin vetää sen johtopäätöksen, että juuri Isä itse puhuu yksinkertaisten "maallisten" vertausten kautta. Tämän asian ymmärtämisen tulisi muuttaa tapaa, jolla saarnaamme ja julistamme evankeliumia.

Voidaan sanoa, että Jeesus oppi ymmärtämään oman tiensä olevan ristin tie osittain juuri siitä, miten tavalliset

Poika ja Isä

ihmiset – ja erityisesti uskonnollisen virkavallan edustajat – suhtautuivat häneen. Kun Jeesus tunnisti ja erotti häneen Galilean kylissä kohdistuneet tarpeet ja suhtautumistavat, samalla Isä näytti hänelle, mikä häntä odotti Jerusalemissa ja miksi tämä tarkoitus voitiin täyttää ainoastaan kuoleman ja ylösnousemuksen kautta.

Tästä voidaan päätellä, että jos emme tunne maailmaa, johon Isä on meidät asettanut, emme voi myöskään tietää, mitä Isä haluaa meidän kauttamme maailmassa tehdä.

Poika kuuntelee Vanhaa testamenttia
Isä puhui Pojalle myös juutalaisen kansan menneiden perinteiden kautta, sillä juuri näiden puitteissa Isä oli toiminut ja ilmoittanut itsensä edellisten lähes 2000 vuoden ajan. Se, mitä Isä halusi Pojan kautta tehdä, jatkoi ja täytti vain sen, mitä hän oli jo pitkän aikaa tehnyt Israelissa ja mikä oli selvästi merkitty muistiin Vanhaan testamenttiin.

Jeesuksen keskustelu Mooseksen ja Elian kanssa kirkastumisensa yhteydessä oli vain vahvempi tapa kuvata hänen kommunikointiaan "lain ja profeettojen" kanssa, jonka puitteissa hän, Poika, oli kuunnellut Isää läpi koko varhaisen elämänsä.

Kaikki Pojan opetukset osoittavat, että hän oli kyllästetty Vanhalla testamentilla mutta että hän suhtautui siihen hämmästyttävällä rohkeudella ja vapaudella – "ei niin kuin kirjanoppineet". Kuuntelemalla Isää kirjoituksissa ja niiden kautta Jeesus ymmärsi, että se, miten hän henkilökohtaisesti täyttäisi raamatulliset lupaukset, tapahtuisi hätkähdyttävän erilaisella tavalla kuin miten hänen aikansa ihmiset kuvittelivat sen tapahtuvan.

Evankeliumit osoittavat, että Poika oli lähes sidottu Vanhaan testamenttiin. Aina kun Isä puhui hänelle, nuo sanat jäljittelivät Vanhan testamentin sanoja. Kun Jeesus vastusti paholaisen kiusauksia autiomaassa, kun hän julisti toiminta-ajatuksensa Nasaretissa, kun hän järjesti ensimmäisen muistoateriansa yläkerran huoneessa, jopa kun hän puhui ristillä – näissä kaikissa

Pojan tunteminen

tilanteissa hän käytti ajatonta Vanhaa testamenttia tuoreella tavalla. (Tässä *Hengen miekka* -kirjasarjassa painotetaan vahvasti koko Raamatun kaanonia juuri siksi, koska Poika tunsi Vanhan testamentin niin hyvin, turvautui siihen ja kuunteli Isää tarkasti sen kautta.)

Kun Jeesuksen ympärillä olevat ihmiset pyrkivät ymmärtämään Poikaa ja tämän työtä, heidän täytyi käyttää sellaisia luokituksia ja ilmauksia kuin "Ihmisen Poika", "valtakunta", "Messias", "Daavidin poika", "Jumalan palvelija" ja niin edelleen, jotka voidaan ymmärtää oikein vain, jos ne tulkitaan *sekä* vanhatestamentillisen alkuperänsä *että* sen uuden merkityksen mukaan, jonka Jeesus niille elämänsä ja kuolemansa kautta antoi.

Poika kuuntelee rukouksessa
Kirjassa *Toimiva rukous* havaitaan, että Poika oli hyvin vahvasti rukouksen mies. Rukous oli keino, jolla maan päällä oleva Poika kommunikoi taivaassa olevan Isän kanssa ja Isä kommunikoi Pojan kanssa.

Evankeliumeissa (erityisesti Luukkaan evankeliumissa) kerrotaan usein siitä, kun Poika rukoili Isää. Hän rukoili esimerkiksi:

- varhain aamulla – Mark. 1:35
- myöhään illalla – Luuk. 6:12
- kasteensa yhteydessä – Luuk. 3:21
- palveltuaan pitkään – Mark. 1:35, 6:46 ja Luuk. 5:16
- koko yön ennen kahdentoista opetuslapsen valitsemista – Luuk. 6:12
- yksin opetuslastensa ollessa läsnä – Luuk. 9:18
- kirkastumisensa yhteydessä – Luuk. 9:28–29
- viimeisen aterian jälkeen – Joh. 17
- Getsemanessa – Mark. 14:32 ja Luuk. 22:41

Poika ja Isä

- Pietarin puolesta – Luuk. 22:32
- pienten lasten puolesta – Matt. 19:13–15
- ristiinnaulitsemisensa yhteydessä – Luuk. 23:34
- ylösnousemuksensa jälkeen – Luuk. 24:30
- taivaaseenastumisensa yhteydessä – Luuk. 24:50
- taivaaseenastumisensa jälkeen – Joh. 14:16.

Jeesuksen mallirukousta ja hänen esirukoustaan Johanneksen evankeliumin luvussa 17 käsitellään kirjassa *Toimiva rukous*. Pojan rukous Öljymäen juurella kuitenkin paljastaa kaksi tärkeää periaatetta, jotka tuntuvat olevan ominaisia kaikelle Pojan rukouksessa tapahtuvalle kommunikaatiolle Isän kanssa.

Kohdat Matt. 26:36–46, Mark. 14:32–42 ja Luuk. 22:39–46 osoittavat, että Jeesuksen kuuleminen alkaa tunnustamisella – ei syntien tunnustamisella hänen kohdallaan, mutta tilanteen ja siihen liittyvien toiveiden tunnustamisella. Poika ei salaa, mitä hän haluaa Isältä, vaan tekee toiveensa hyvin selviksi. Tästä huolimatta hän alistaa toiveensa Isän tahtoon. Hän ei sysää omaa tahtoaan Isän noudatettavaksi siihen seikkaan nojaten, että *hän* voi pyytää mitä tahansa *hän* haluaa.

Seuraava osa hänen kuuntelemistaan on Isän tahdon erottaminen. Kun Poika rukoilee suuressa tuskassa, hän käsittää, että sitä, mitä hän aluksi pyysi, ei voida hänelle antaa. Hän ymmärtää, että sen tähden, mitä hänen Isänsä on tekemässä, hänen täytyy juoda malja tyhjäksi. Poika tekee vain sen, mitä hän näkee Isänsä tekevän, ja – tässä kuuntelevassa rukouksessa – hän "näkee" Isän pelastavan maailman oman uhrinsa kautta. Tämän vuoksi Poika asettaa tahtonsa samaan linjaan Isän tahdon kanssa.

Ilmapiiri muuttuu heti, kun Poika on "kuullut" Isän tahdon. Tuska on ohi, ja hän nousee rauhallisena jatkaakseen matkaansa ristille.

Pojan elämän keskeisessä huipentumassa havaitaan, että Poika raivasi aikaa Isän kuuntelemiselle rukouksessa ja sen

Pojan tunteminen

erottamiselle, mitä hänen Isänsä oli tekemässä, mihin hän oli menemässä ja mitä hän oli sanomassa. Mutta selvää on, että Poika pystyi tekemään näin Getsemanessa vain siksi, koska hän oli jo koko maanpäällisen elämänsä ajan kuunnellut juuri tällaisella samanlaisella tavalla – vaikkakaan ei yhtä äärimmäisissä tilanteissa.

Poika tottelee kuulemaansa
Maailmassa elämisen, Vanhan testamentin ja kuuntelevan rukouksen kautta Poika ymmärtää toistuvasti Isän "erityisen tahdon" tiettyihin tilanteisiin. Tätä käsitellään kirjassa *Elävä usko*.

Kaikilla palvelutyönsä osa-alueilla ja kaikessa toiminnassaan ihmisten kanssa Jeesus kulki joka hetki Isän johdattamana suhteesta käsin – ei noudattaen joukkoa sääntöjä. Tämä on Hengen työtä – Hengen, jossa Jumala antaa totuutensa, rakkautensa ja voimansa tavoilla, jotka ovat ainutlaatuisen osuvia jokaiseen erilliseen tilanteeseen.

Evankeliumit osoittavat, että yhä uudelleen ja uudelleen Jeesus "näkee ja kuulee" Pyhässä Hengessä sen, mitä hänen Isänsä haluaa tehdä tai sanoa tuossa nimenomaisessa paikassa, tuossa tietyssä hetkessä. Kuten kirjassa *Palveleminen Hengessä* havaitaan, Poika ei koskaan noudata vain yhtä menetelmää, hän ei koskaan käytä vain yhtä tekniikkaa eikä hän koskaan toimi yksien ja samojen hengellisten periaatteiden mukaan. Sen sijaan hän aina kuuntelee Isää Hengessä ja näkee, mitä Isä on tekemässä jokaisessa yksittäisessä tilanteessa ja hetkessä.

Poika toimii yhdessä Isän kanssa
Evankeliumeissa Poika usein väittää, että hänen sanansa ovat Isän sanoja ja että hänen tekonsa ovat Isän tekoja – koska hän on olemukseltaan identtinen Isän kanssa. Tämä havaitaan esimerkiksi kohdissa Joh. 5:17 ja 14:10–11.

Isä siis puhuu ja toimii Pojan sanojen ja tekojen kautta. Isä rakastaa ja tuo pelastuksen Pojan uhrin kautta. Isä suojelee

Poika ja Isä

lapsiaan ja pitää heistä huolen Pojan lahjojen ja armon kautta, ja niin edelleen.

Pojassa Jumala paljastaa olevansa Isä, joka saa sokeat näkemään, kuurot kuulemaan, rammat kävelemään ja kuolleet heräämään henkiin. Hän on Isä, joka pelastaa – ja jonka sanat ja teot tunnetaan ja jonka sanat ja teot toteutuvat hänen Poikansa kautta. Yksinkertaisesti sanottuna jokainen Pojan sana ja teko on aina myös Isän sana ja teko.

Uuden testamentin perustavanlaatuinen olettamus on, että Jeesus on Isän olennainen kumppani kaikessa Jumalan toiminnassa suhteessa ihmisiin. Meidän täytyy muistaa, että Pojan sanat ja teot ovat välttämättömiä vihjeitä Isän suunnitelmista luomisessa, pelastuksessa ja tuomiossa.

He toimivat yhdessä luomisessa
Kohdat Joh. 1:3, Kol. 1:15–17 ja Hepr. 1:2 osoittavat, että Isä toimii luomisessa Pojan kanssa ja Pojan kautta.

Poika on kaiken luomistyön toteuttaja ja perimmäinen tarkoitus, ja aina kun Jumalan luomistyötä käsitellään, täytyy myös puhua Isä–Poika-suhteesta, joka laittoi luomistyön alulle ja ylläpitää sitä. Voidaan itse asiassa sanoa, että Isän teot, jotka hän on tehnyt ja tekee yhdessä Pojan kanssa, ympäröivät kaikkea, millä on jotakin tekemistä luonnollisen maailmankaikkeutemme kanssa.

He toimivat yhdessä pelastuksessa
Sama koskee myös pelastusta, sillä ennalleen palautettu suhteemme Isän kanssa on täysin riippuvainen Pojan elämästä, kuolemasta ja ylösnousemuksesta. Jakeiden Joh. 3:16 ja 2. Kor. 5:18–19 kaltaiset kohdat osoittavat, kuinka Isän pelastava toiminta siirtyy yhdestä moniin, keskiössä olevasta Kristuksesta koko ihmiskuntaan.

Ymmärryksemme pelastuksesta ja siitä iloitsemisemme eivät voi ainoastaan keskittyä Poikaan tai ainoastaan Isään. Meidän täytyy ymmärtää, että pelastus on riippuvaista siitä, että Isä toimii Pojassa ja Pojan kautta.

Pojan tunteminen

Pelastuksen suurin tarkoitus on, että me voisimme Pojan kautta tuntea Isän ja että me voisimme elää yhteydessä häneen senkaltaisessa vastavuoroisessa riippuvuudessa, joka havaitaan myös Isän ja Pojan välillä.

He toimivat yhdessä tuomiossa
Sama pätee myös viimeiseen päivään. Isä on Jumalan tuomion lähde, mutta Poika panee tuon tuomion täytäntöön – tämä havaitaan läpi Ilmestyskirjan sekä kohdissa Joh. 3:18–21, 5:22 ja Ap. t. 17:31.

Raamattu myös osoittaa, että Isä ja Poika toimivat yhdessä viimeisenä päivänä valtakunnan valmiiksi saattamisessa ja uuden taivaan ja maan perustamisessa. Kohdat Ef. 1:10, Fil. 2:9–11 ja 1. Kor. 15:28 paljastavat, että tämä toiminta keskittyy Poikaan mutta että Isän ensisijaisuus on tässäkin ehdottoman olennaista.

He toimivat yhdessä näkyväksi tekemisessä
Jumalan pyhän luonteen jokainen puoli voidaan nähdä ja kuulla Isä–Poika-suhteessa, joka tuli 2000 vuotta sitten näkyväksi maan päällä ja joka on nyt merkitty muistiin Uuteen testamenttiin.

Meidän ei siis pidä ajatella Jumalaa ainoastaan abstraktein termein vaan alkaa ymmärtää, mitä se, että Isä ja Poika toimivat yhdessä, todella tarkoittaa. Voidaan esimerkiksi sanoa, että:

◆ Jumalan rakkaus ei ole abstrakti, teoreettinen rakkaus vaan konkreettinen käytännöllinen rakkaus, joka – Pojan persoonassa – tulee etsimään ja pelastamaan niitä, jotka ovat erossa Isästä.

◆ Jumalan voima ei ole epämääräinen kaikkivoipaisuus, vaan se on tietty voima, jossa Poika ilmoitti Isän tullessaan ihmiseksi, parantaessaan sairaita, kestäessään ristin, noustessaan kuolleista ja niin edelleen.

◆ Jumalan totuus ei ole joukko ajatuksia, vaan se on

Poika ja Isä

joukko Isän ajatuksia, jotka tulevat ilmaistuiksi Pojan persoonassa, sanoissa ja teoissa.

Tällainen ajattelu on yksinkertaisesti jakeen Matt. 11:27 totuuden soveltamista. Sen ymmärtämistä, että Isä on antanut kaiken Pojalle ja ettei kukaan tunne Isää paitsi Poika – ja se, jolle Poika tahtoo hänet ilmoittaa.

Seuraavaksi siirrytään tarkastelemaan Isän ja Pojan kaikkein tärkeintä yhteistä toimintaa, viimeistä osoitusta Pojan kokonaisvaltaisesta riippuvuudesta Isästä ja hänen täydellisestä alistumisestaan Isän tahtoon. Aivan kuten Isä on menneisyys, josta Poika tulee, ja nykyisyys, jossa Poika elää, samoin risti on tulevaisuus, jota kohti Poika menee yhdessä Isän kanssa.

Osa 8

Poika ja risti

Kun evankeliumeja luetaan, jotta voitaisiin oppia Pojan elämästä, tulee täysin selväksi, että hänen ristinkuolemansa on kaikista tapahtumista ehdottomasti kaikkein tärkein. Voidaan itse asiassa sanoa, että ristin varjo häilyy Raamatun jokaisella sivulla.

Risti on varmastikin koko ihmiskunnan historian tärkein tapahtuma, ja siitä onkin tullut kristillisen uskomme maailmanlaajuinen merkki. Sitä käsitellään perusteellisesti läpi koko kirjan *Pelastus armosta*, jossa opitaan, miksi Isän täytyi lähettää Poikansa kuolemaan ja mitä Pojan kuolema tarkalleen ottaen sai aikaan.

Ristiä käsitellään myös Isän erityisestä näkökulmasta käsin kirjassa *Isän tunteminen*, jossa ymmärretään, että risti oli Isän armontäyteinen aloite, hänen uhrautuvaa toimintaansa, hänen surun kokemuksensa.

Edellä mainituissa kahdessa *Hengen miekka* -kirjasarjan kirjassa luodaan raamatullinen yleiskatsaus ristiin, tarkastellaan pelastusta sen laajassa merkityksessä ja pyritään ymmärtämään ristin teologiset seuraamukset. Evankeliumit esittelevät ristin kuitenkin melko erilaisella tavalla. Ne johtavat meidät ristin äärelle Pojan kulkemaa polkua pitkin – johon kuului viimeinen ateria, puutarhassa koettu tuska, Juudaksen kavallus, pidätys ja tuomion julistaminen, kidutus ja teloitus, hauta ja kirkkaus ja niin edelleen.

Evankeliumit eivät esittele kertomusta "Pojasta ja rististä" abstraktina teologisena teoriana, vaan henkilökohtaisena jännitysnäytelmänä, jossa on mukana useita henkilöitä ja jota valaisevat useat tärkeät yksityiskohdat.

Pojan tunteminen

Tärkeimpänä ne kertovat, mitä Poika sanoi ja teki suurimman kamppailunsa hetkinä – ja tässä osassa käsitellään juuri näitä sanoja ja tekoja. Evankeliumit sijoittavat jännitysnäytelmän Pojan viimeisistä 24 tunnista maan päällä neljään pääasialliseen paikkaan:

◆ yläkerran huoneeseen

◆ Getsemanen puutarhaan

◆ prokuraattorin palatsiin

◆ Golgata-nimiseen paikkaan.

Viimeinen ateria
Jännitysnäytelmä alkaa pääsiäisjuhlan ensimmäisen päivän illasta. On paljonpuhuvaa, että Poika vietti viimeisen iltansa maan päällä nauttimalla pääsiäisaterian apostoliensa kanssa erään ystävän kodin yläkerran suuressa huoneessa.

Vaikuttaa siltä, ettei paikalla ollut palvelijoita, sillä ei ollut ketään, joka olisi pessyt heidän jalkansa ennen ateriaa – eikä kukaan apostoleista ollut tarpeeksi nöyrä suorittaakseen tämän halpa-arvoisen tehtävän. Joten Jeesus puki ylleen palvelijan esiliinan, kaatoi vettä astiaan ja teki sen, mitä kukaan muu heistä ei ollut halukas tekemään. Tämän jälkeen hän selitti apostoleille, että Jumalan rakkaus ilmenee aina nöyränä palvelemisena ja että maailma tuntisi heidät hänen opetuslapsikseen, jos he rakastaisivat toisiaan samankaltaisella tavalla.

Seuraavaksi hän varoitti apostoleita siitä, että yksi heistä oli aikeissa kavaltaa hänet, paljasti monia seikkoja lähestyvästä poislähdöstään, lohdutti heitä tiedolla Hengestä ja opetti heille Hengen tulevasta työstä maailmassa ja heidän elämissään.

Sitten, kun he edelleen olivat aterialla, hän kiitti leivästä, mursi sen osiin ja antoi sen opetuslapsille sanoen kohtiin Mark. 26:26–28, Mark. 14:22–24 ja Luuk. 22:17–19 muistiin merkityt sanat.

Poika ja risti

Aterian päätyttyä Jeesus teki samoin viinimaljalle: hän kiitti viinistä, antoi sen eteenpäin apostoleilleen ja kertoi heille, mitä se vertauskuvallisesti edusti. Nämä ovat tärkeitä sanoja ja tekoja, jotka dramatisoivat ja selittävät Jeesuksen kuolemaa ennen kuin se tapahtui. Näitä sanoja ja tekoja käsitellään tarkemmin kirjassa *Jumalan kirkkaus seurakunnassa*.

Pojan kuolema on keskeistä

Yläkerran huoneessa lausumillaan sanoilla Poika antoi ohjeet omaa muistotilaisuuttaan varten – joka tulisi hänen mukaansa järjestää säännöllisesti. Jeesuksen asettamissanat osoittavat, että – toisin kuin nykyajan muistotilaisuuksia – hänen muistotilaisuuttaan ei tulisi viettää hänen syntymänsä ja elämänsä tai hänen sanojensa ja tekojensa muistoksi, vaan ainoastaan hänen sovituskuolemansa muistoksi.

Mikään ei painota Jeesuksen kuolemalleen antamaa merkitystä niin paljon kuin nämä viimeisellä aterialla lausutut sanat. On selvää, että hän haluaa meidän muistavan itsensä ennen kaikkea ristinkuolemastaan. Jos risti ei ole keskeistä uskossamme ja ylistyksessämme, ne eivät ole sellaista uskoa ja ylistystä, jota hän kaipaa.

Pojan kuolemalla on tarkoitus

Jeesuksen asetussanat viittaavat "uuteen liittoon" ja "syntien anteeksiantoon", ja näitä ilmauksia käsitellään tarkemmin kirjassa *Pelastus armosta*.

Jumala oli astunut liittoon – solminut sitovan sopimuksen – Abrahamin kanssa. Tämän liiton puitteissa Abrahamille luvattiin maata, suuria siunauksia, henkilökohtainen suhde ja suuri joukko jälkeläisiä. Jumala uudisti tämän liiton – ja lisäsi siihen vielä uutta – pelastettuaan Abrahamin jälkeläiset Egyptistä. Hän lupasi olla heidän Jumalansa ja tehdä heistä hänen kansansa, ja hän vahvisti tämän veriuhrilla, jonka Mooses vihmoi kansan päälle.

Noin tuhat vuotta myöhemmin profeetta Jeremia lupasi, että Jumala tekisi eräänä päivänä uuden liiton, johon kuuluisi

Pojan tunteminen

syntien anteeksi antaminen ja radikaali sydämen muutos – tämä havaitaan kohdassa Jer. 31:31–34.

Viimeisellä aterialla, noin 600 vuoden kuluttua tästä, Poika ilmaisi, että tämä lupaus oli nyt täyttymässä sen veren kautta, jonka hän kuolemassaan vuodattaisi. Hän sanoi olevansa menossa ristille kuolemaan tuodakseen kansansa uuteen ja särkymättömään liittosuhteeseen Jumalan kanssa.

Pojan kuolema täytyy ottaa henkilökohtaisesti omaksi
Apostolit eivät ainoastaan olleet tämän jännitysnäytelmän katselijoita ja kuulijoita yläkerran huoneessa, he olivat myös sen aktiivisia osallistujia. Poika kyllä mursi leivän, mutta apostolien täytyi syödä se; ja Poika kyllä kaatoi viinin maljaan, mutta apostolien täytyi ottaa se vastaan.

Samoin kuin pelkkä leivän murtaminen ja viinin kaataminen ei riittänyt, myöskään pelkkä Jeesuksen kuolema ei riittäisi – apostolien täytyi lisäksi henkilökohtaisesti ottaa omakseen Jeesuksen kuoleman saavuttamat hyödyt. Juuri tämän Jeesus myös oli luvannut jakeissa Joh. 6:53–55.

Getsemane
Aterian jälkeen, kun Jeesus oli saanut ohjeistettua apostoleja ja rukoiltua heidän puolestaan, he kävelivät yhdessä Jerusalemin halki Getsemane-nimiseen puutarhaan, joka sijaitsi Öljymäen juurella. Johanneksen evankeliumin jae 18:2 antaa ymmärtää, että Poika oli aiemminkin käynyt tässä puutarhassa opetuslastensa kanssa usein.

Kohdissa Matt. 26:36–46, Mark. 14:32–42 ja Luuk. 22:39–46 kerrotaan, että Poika pyysi kahdeksaa opetuslastaan pitämään vahtia ja rukoilemaan ja meni itse Pietarin, Jaakobin ja Johanneksen kanssa kauemmas. Jeesus kertoi näille kolmelle olevansa syvästi murheellinen, "kuolemaan asti" (vrt. v. 1938 käännös), ja pyysi heitä sitten valvomaan kanssaan. Tämän jälkeen hän meni syvemmälle puutarhaan, heittäytyi kasvoilleen maahan ja rukoili rukouksen, johon kulminoitui hänen alistumisensa Isän tahtoon, jota käsiteltiin osassa 7.

Poika ja risti

Hän palasi apostolien luo, löysi heidät nukkumasta, nuhteli heitä ja palasi sitten kamppailemaan rukouksessa. Tämän jälkeen hän löysi heidät vielä kahteen kertaan nukkumasta, sillä he eivät pystyneet astumaan sisään hänen kärsimyksensä salaisuuteen. Luukas kertoo Jeesuksen tuskan olleen niin suurta, että hänen hikensä vuoti maahan veripisaroiden tavoin.

Jotkut ihmiset ihmettelevät, kuinka Jumalan Poika saattoi olla näin täysin surun ja tuskan vallassa, kuinka hän saattoi anoa, että malja otettaisiin häneltä pois, ja kuinka hän saattoi kavahtaa Jumalan tahtoa.

Vanhassa testamentissa Jumalan vihasta ja tuomiosta käytetään usein nimitystä "malja" – esimerkiksi kohdissa Job 21:20; Ps. 75:8; Jes. 51:17–22; Jer. 25:15–29, 49:12; Hes. 23:32–34 ja Hab. 2:16. Poika tunsi kirjoitukset ja täytyikin olla niin, että hän tunnisti hänelle tarjotun maljan sisältävän Jumalan vihan viinin, joka oli tarkoitettu ainoastaan pahoille.

Jeesus tiesi, että hänet oli kutsuttu samastumaan niin täysin syntisiin, että hän ottaisi heidän tuomionsa kannettavakseen, ja – puutarhassa – hänen synnitön olemuksensa kavahti tätä. Vaikka hän viivytteli sitä hetkeä, jossa hän joutuisi kokemaan tuomioon väistämättä liittyvän erilleen joutumisen Isästä, hän ei silti kapinoinut Isää vastaan tai ollut tälle tottelematon.

Juuri Getsemanen ja myöhemmin Golgatan tapahtumat antavat selkeimmän uusitestamentillisen kuvan Jeesuksen ihmisyydestä, sillä juuri ihmisyydessään Jeesus kavahti ristin kärsimyksiä. Mutta juuri ihmisyydessään hän myös antautui Isän tahtoon.

Jeesus sai voimaa enkeleiltä hyväksyessään tulevaan kuolemaansa liittyvät seuraamukset. Hän tiesi, että juuri Isä antaisi hänelle tuon maljan, ja hän oli valmis juomaan sen. Niinpä hän odotti hiljaa puutarhassa Juudaksen suudelmaa ja oikeudenkäyntiensä alkamista. Hän jopa sanoi jakeeseen Joh. 18:11 muistiin merkityt sanat.

Pojan tunteminen

Oikeudenkäynnit
Neljä evankeliumia esittelevät monitahoisen jännitysnäytelmän, johon sekoittuu hyvin monia Jeesuksen kuolemaan liittyviä seikkoja.

Niissä esimerkiksi kerrotaan, että Poika teloitettiin julkisesti rikollisena, koska hänen opetuksiaan pidettiin vaarallisina ja vallankumouksellisina. Lisäksi niissä osoitetaan, että juutalaiset johtajat olivat raivoissaan hänen näennäisesti epäkunnioittavasta suhtautumisestaan lakiin, kun taas roomalaiset johtajat olivat huolissaan siitä, että hän vaikutti haastavan keisarin ylimmän arvovallan.

Molemmat näistä johtajien ryhmistä kokivat Pojan niin häiritseväksi, että he loivat epäpyhän liittouman, jotta hänestä päästäisiin eroon. Hänet tuomittiin juutalaisessa tuomioistuimessa jumalanpilkasta ja sen jälkeen roomalaisessa tuomioistuimessa maanpetoksesta, ja lopulta hänet teloitettiin lainrikkojana.

Evankeliumeissa esitellään selonteoissa Pojan oikeudenkäynneistä sekalainen joukko moraalisia ja lakiin liittyviä seikkoja. Niissä kerrotaan, että sekä juutalaisessa että roomalaisessa tuomioistuimessa noudatettiin tarkkoja laillisia menettelytapoja: vanki pidätettiin, hänelle luettiin syytteet ja häntä ristikuulusteltiin; paikalle kutsuttiin todistajia ja heitä kuultiin; ja sitten vasta tuomarit julistivat tuomionsa.

Evankeliumeissa kuitenkin myös pidetään tiukasti kiinni siitä, että Poika oli syytön häntä vastaan nostettuihin syytteisiin ja että tuomareiden tuomiot olivat oikeusmurhia. Lisäksi niissä pidetään tiukasti kiinni siitä, etteivät kummankaan tuomioistuimen virkamiehet olleet tasapuolisia, puolueettomia ja lain mukaan toimivia virkamiehiä, vaan että he olivat vajavaisia, syntisiä ihmisiä, joiden ulkoiset teot paljastivat heidän sisäisen turmeltuneisuutensa.

Kuten muuallakin Uudessa testamentissa, Poikaa ei esitetä kaukaisena ja etäisenä hahmona. Hän on aina tiiviisti mukana maailmassaan, ja kertomus "Pojasta ja rististä" onkin kertomus

Poika ja risti

Pojan läheisestä kanssakäymisestä niiden kadotettujen ihmisten kanssa, joita hän tuli pelastamaan.

Evankeliumeissa kerrotaan, että joukko yksilöitä ja ihmisryhmiä oli suoraan vastuussa Pojan oikeudenkäynneistä ja kuolemasta. Niissä kerrotaan, että:

◆ Juudas kavalsi Pojan juutalaisille papeille rahasta ja luovutti hänet heille suudelmalla

◆ Kaifas ja papit pidättivät Pojan, tuomitsivat hänet jumalanpilkasta ja luovuttivat hänet Rooman prokuraattorille

◆ Pilatus kuulusteli Jeesusta ja luovutti hänet Galilean hallitsijalle

◆ Herodes kuulusteli Jeesusta ja lähetti hänet takaisin Pilatuksen luo

◆ Pilates otti tämän jälkeen väkijoukon mukaan tekemään päätöksen kuolemantuomiosta ja luovutti Jeesuksen sitten roomalaisille sotilaille, jotka ristiinnaulitsivat hänet.

Kavaltaja
Juudas Iskariot mainitaan ensimmäisen kerran kohdissa Matt. 10:4, Mark. 3:19 ja Luuk. 6:16. Kaikissa näissä jakeissa hänet luetellaan viimeisenä kahdestatoista opetuslapsesta ja esitellään henkilönä, joka tulisi kavaltamaan Jeesuksen.

Johanneksen evankeliumissa annetaan ymmärtää, että Jeesus tiesi jo ennalta, että Juudas tulisi kavaltamaan hänet, että Juudas oli "se, jonka täytyi joutui kadotukseen" ja että Juudas toimi vasta sen jälkeen, kun saatana oli ensin houkutellut häntä ja sitten mennyt häneen. Tämä havaitaan kohdissa Joh. 6:64 ja 71, 13:2, 11 ja 27 sekä 17:12.

Tämä ei kuitenkaan vapauta Juudasta hänen syyllisyydestään Pojan kuolemaan. Se tosiseikka, että hänen kavalluksensa oli jo ennalta ilmoitettu, ei merkitse, etteikö hänellä olisi ollut vapaata tahtoa – minkä vuoksi Apostolien tekojen jakeessa

Pojan tunteminen

1:18 viitataankin hänen pahuuteensa. Jeesus tuntuu pitävän Juudasta vastuullisena teoistaan ja vaikuttaa vetoavan häneen vielä viimeisen kerran kohdassa Joh. 13:25–30. Juudas kuitenkin sivuuttaa Jeesuksen vetoomuksen ja täyttää näin Psalmin 41:9 ilmoituksen. Jeesus tuomitsee Juudaksen Markuksen evankeliumin jakeessa 14:21, ja kohdissa Matt. 27:3–10 ja Ap. t. 1:16–20 kerrotaan, että Juudas tuomitsi tämän jälkeen myös itse itsensä oman kätensä kautta.

Jotkut tutkijat uskovat, että Juudas oli seiootti, joka liittyi Jeesuksen seuraan vapauttaakseen Israelin Rooman vallasta mutta joka kavalsi hänet joko petyttyään häneen tai yrittäen siten pakottaa hänet toimimaan toisin. Toiset taas väittävät Johanneksen evankeliumin jakeiden 12:3–8 ja 13:29 todistavan, että Juudas oli moraalisesti vajavainen pikemmin kuin poliittisesti motivoitunut. Mitkä hänen vaikuttimensa tarkalleen ottaen olivatkaan, evankeliumit yksinkertaisesti toteavat, että Juudas kavalsi Jeesuksen kolmestakymmenestä hopearahasta.

Monia kuukausia aiemmin, Luukkaan evankeliumin jakeessa 16:13, Poika oli opettanut opetuslapsilleen, että oli mahdotonta palvella sekä Jumalaa että rahaa. Tosipaikan tullen Juudas valitsi rahan (kuten monet opetuslapset vielä nykyäänkin tekevät) ja lähetti näin Pojan kuolemaan ristillä.

Papit
Evankeliumit osoittavat, että Poika aiheutti vihastumista juutalaisissa johtajissa koko julkisen toimintansa ajan. Vaikka heistä vaikutti siltä, että Poika esiintyi rabbina, he tiesivät, ettei hänellä ollut valtuuksia tai koulutusta tuohon tehtävään ja ettei häntä oltu asetettu siihen.

Poika ei paastonnut, kun hänen olisi pitänyt paastota. Hän oli tekemisissä huonomaineisten ihmisten kanssa. Hän häpäisi sapatin parantamalla ihmisiä. Hän hylkäsi vanhinten perinteet. Hän kritisoi julkisesti fariseuksia ja kutsui heitä tekopyhiksi. Ja lisäksi hän lausui pöyristyttäviä väitteitä, joiden mukaan hän oli sapatin herra, antoi synnit anteeksi, tunsi

Poika ja risti

Jumalan ainutlaatuisella tavalla Isänään ja oli jopa Jumalan vertainen. Juutalaisten johtajien silmissä Poika oli pelkkä jumalanpilkkaaja.

Kaifas ja papit olivat varmoja siitä, että Jeesuksen oppi oli harhaoppia, että hänen käytöksensä oli loukkaus lakia kohtaan, että hän johti tavallisia ihmisiä harhaan ja että hän rohkaisi ihmisiä olemaan epälojaaleja keisaria kohtaan. He halusivat, että hänet pysäytettäisiin, ja he olivat varmoja siitä, että heillä itsellään oli pätevät poliittiset, uskonnolliset ja eettiset syyt hänen hiljentämiselleen. Kun he sitten kuulustelivat Poikaa ja pakottivat hänet todistamaan valan sitomana, Poika väitti jopa silloin sellaisia seikkoja itsestään, joita voitiin pitää jumalanpilkkana. Heille oli selvää, että hän ansaitsi kuolla.

Tästä huolimatta sekä Matteuksen evankeliumin jakeessa 27:18 että Markuksen evankeliumin jakeessa 15:10 kerrotaan Pilatuksen uskoneen, että juutalaisten johtajien vaikuttimena oli kateus. He halusivat Pojan kuolevan, koska Poika haastoi heidän arvovaltansa ja koska hänellä oli arvovalta, jota heillä itsellään ei ollut. Kun he jakeessa Mark. 11:28 kysyivät Pojan valtuuksista, tämän arvovallasta, Pojan vastaus sai varmasti heidät hiljennettyä.

Edellä todettiin, että Matteuksen evankeliumissa korostetaan usein juuri arvovallan teemaa. Matteus kertoo kahdesta kateellisesta juonesta Pojan tuhoamiseksi: ensimmäisen niistä (2:13) takana oli juutalaisten kuningas Herodes, ja se tapahtui Pojan elämän alkuvaiheessa; ja toisen (27:20) takana olivat juutalaiset papit, ja se tapahtui Pojan elämän loppuvaiheessa. Molemmissa näissä tehdään aivan oikeutetusti se johtopäätös, että Poika haastoi heidän arvovaltansa, ja juuri siitä syystä he etsivät keinoja hänen surmaamisekseen.

Prokuraattori

Juutalaiset johtajat luovuttivat Pojan Pontius Pilatukselle saatesanoilla, jotka on merkitty muistiin Luukkaan evankeliumin jakeeseen 23:2 ja jotka tuon prokuraattorin oli

Pojan tunteminen

syytä olla sivuuttamatta. Evankeliumeissa mainitaan kaksi painokasta huomiota Pilatuksen suhtautumisesta asiaan.

Ensinnäkin niissä sanotaan, että Pilatus oli niin vakuuttunut Jeesuksen syyttömyydestä, että hän julisti kolme kertaa, ettei löytänyt mitään perusteita tämän tuomitsemiselle. Myös hänen vaimoltaan tullut sana vahvisti tämän hänen oman henkilökohtaisen varmuutensa asiasta. Tämä havaitaan kohdissa Luuk. 23:4, 23:13-15, 23:22 ja Matt. 27:19.

Toisekseen evankeliumit painottavat, että Pilatus halusi välttää asettumasta kummallekaan puolelle. Hän halusi välttää Jeesuksen tuomitsemisen, koska piti tätä syyttömänä, mutta hän halusi myös välttää Jeesuksen vapauttamisen, koska ei halunnut suututtaa juutalaisia johtajia.

Evankeliumeissa kerrotaan Pilatuksen kiemurteluista, kun hän yritti samaan aikaan olla sekä oikeudenmukainen että epäoikeudenmukainen. Ensin Luukkaan evankeliumin jakeissa 23:5-12 kerrotaan, että hän yritti siirtää vastuun Herokselle. Kun tämä epäonnistui, Luukkaan evankeliumin jakeissa 23:16-22 osoitetaan, että Pilatus yritti pitää juutalaiset tyytyväisinä jollakin kuolemanrangaistusta lievemmällä tuomiolla. Seuraavaksi Markuksen evankeliumin jakeissa 15:6-15 kerrotaan, kuinka Pilatus toivoi väkijoukon valitsevan Jeesuksen olemaan se, joka saisi perinteisen pääsiäisenä annettavan armahduksen. Lopulta, kun kaikki Pilatuksen keinot olivat lopussa, Matteuksen evankeliumin jakeessa 27:24 kerrotaan, että hän yritti petollisesti vakuuttaa syyttömyyttään.

Kuitenkin jo ennen kuin Pilatuksen kädet olivat edes kuivuneet, hän jo luovutti Jeesuksen kuolemaan. Pilatus oli heikko mies, sillä jakeessa Luuk. 23:20 todetaan, että hän halusi vapauttaa Jeesuksen, ja jakeessa Mark. 15:15, että hän halusi kuitenkin samalla olla myös väkijoukolle mieliksi. Luukkaan evankeliumin jakeissa 23:23-25 käytetään kolminkertaista toistoa sen osoittamiseksi, että väkijoukko voitti taistelun Pilatuksen tahdosta: "he" eivät antaneet periksi, "he" saivat tahtonsa läpi ja Pilatus luovutti Jeesuksen "heidän" valtaansa.

Poika ja risti

Pilatus tiesi, että Poika oli syytön. Hän tiesi, että oikeudenmukaisuus vaati Pojan vapauttamista. Ja Johanneksen evankeliumin jae 19:12 osoittaa hänen myös tienneen, että hänen uransa kärsisi, jos oikeudenmukaisuus voittaisi. Niinpä Pilatus vaiensi omatuntonsa, tinki aatteistaan ja lähetti Pojan ristille.

Sotilaat
Sotilaat, jotka panivat Pilatuksen tuomion käytäntöön, olivat ne ihmiset, jotka kaikkein välittömimmin olivat vastuussa Pojan kuolemasta. On kuitenkin tärkeää huomata, ettei yhdessäkään evankeliumissa kerrota itse ristiinnaulitsemisprosessista. Vaikuttaa siltä, että Pojan sanat ja teot olivat huomattavasti merkityksellisempiä.

Evankeliumeissa kuitenkin kerrotaan siitä, kuinka sotilaat ruoskivat ja pilkkasivat Poikaa prokuraattorin palatsissa. Ensin he ruoskivat Jeesusta, sitten he pukivat hänelle purppuranpunaisen viitan, asettivat orjantappuroista tehdyn "kruunun" hänen päähänsä ja antoivat ruokovaltikan hänen käteensä, polvistuivat pilkkaavana kunnianosoituksena hänen edessään, peittivät hänen silmänsä, sylkivät hänen päälleen, löivät häntä kasvoihin, iskivät häntä päähän ja haastoivat häntä nimeämään pahoinpitelijänsä.

Lopulta, niin kuin Roomassa oli tapana, he laittoivat Pojan itse kantamaan oman ristinsä teloituspaikalle. Sen paino oli kuitenkin liikaa, ja Jeesus kompuroi. Tämän jälkeen Jeesuksen ristiä kantamaan pakotettiin Pohjois-Afrikan Kyrenestä kotoisin oleva Simon-niminen mies.

Kun joukko saapui Golgatalle, sotilaat tarjosivat Jeesukselle hänen kipujensa turruttamiseksi hieman viiniä, johon oli sekoitettu mirhaa. Jeesus kuitenkin kieltäytyi juomasta sitä. Tämän jälkeen kohdissa Matt. 27:32–35, Mark. 15:21–25, Luuk. 23:26–33 ja Joh. 19:17–18 ei kerrota mitään yksityiskohtia: niissä ei mainita vasaraa ja nauloja, eikä niissä puhuta kivusta tai verestä. Ainoa, mitä niissä todetaan, on että "he ristiinnaulitsivat hänet".

Pojan tunteminen

Evankeliumeissa ei anneta ymmärtää, että nämä sotilaat olisivat nauttineet tehtävästään tai että he olisivat olleet epätavallisen julmia. He vain yksinkertaisesti noudattivat käskyjä ja teloittivat kolme rikollista. Luukkaan evankeliumin jakeiden 23:34 ja 46 mukaan Jeesus rukoili kovaan ääneen ristin koettelemusten aikana, mikä teki vaikutuksen paikallaolijoihin. Jakeissa Luuk. 23:42–43 kerrotaan, että toinen rikollisista uskoi, ja jakeessa 23:47 sanotaan, että myös sotilaista vastuussa ollut sadanpäällikkö uskoi.

Risti
Kun Poika riippui ristillä, sotilaat heittivät arpaa hänen vaatteistaan, jotkut naiset katselivat kauempaa ja juutalaiset hallitsijat ivasivat, ettei Jeesus pystynyt pelastamaan itseään. Evankeliumeissa kerrotaan, että Jeesus jätti rakastavasti äitinsä Johanneksen hoitoon ja Johanneksen äitinsä hoitoon ja että hän sen jälkeen rauhoitteli katuvaa rosvoa, joka teki kuolemaa hänen vieressään.

Keskipäivällä Golgatan ylle tuli kolmen tunnin ajaksi pimeys. Evankeliumeissa ei kerrota, mitä Pojalle tuona aikana tapahtui, mutta muualla Raamatussa tämä kuitenkin paljastetaan – esimerkiksi kohdissa Jes. 53:5–6; Mark. 10:45; 2. Kor. 5:21; Gal. 3:13; 1. Tim. 2:5–6; Hepr. 9:28 sekä 1. Piet. 2:24 ja 3:18.

Hylkäämisen huuto
Jotkut ihmiset sanovat, että tuo pimeys oli vertauskuva hengellisestä pimeydestä, joka peitti Pojan ja huipentui hänen hylkäämisen huutoonsa. Nämä ihmiset ajattelevat, että pimeys edustaa erillään olemista Jumalasta, joka on niin kirkas, ettei hänessä ole lainkaan pimeyttä.

Toiset taas väittävät juuri päinvastaista. He uskovat, että Jumala oli tuossa uhrihetkessä läsnä tumman pilven muodossa – aivan kuten hän oli usein tehnyt läsnäolonsa näkyväksi pilven muodossa myös Vanhan testamentin uhrihetkissä.

Kun pimeys päättyi, Jeesus huusi Markuksen evankeliumin jakeisiin 15:33–34 muistiin merkityt sanat. Jotkut kuulijat

Poika ja risti

ymmärsivät hänet väärin ja luulivat, että hän kutsui Eliaa. Vaikka onkin selvää, että Jeesus lainasi Psalmin 22 jaetta 1, ihmiset edelleen ihmettelevät, mitä hänen huutonsa merkitsi. Jotkut sanovat, että se oli epätoivon huuto, kun taas toisten mielestä se oli yksinäisyyden tai voiton huuto. Se on kuitenkin yksioikoisesti aidon hylkäämisen huuto. Tämä osoittaa, että Jeesuksen kokema kärsimys oli niin suurta, että se yllätti jopa hänet itsensä.

Vaikka jopa Pojan lähimmät apostolit olivat hylänneet hänet, ennen ristiä Poika tiesi, että hänen Isänsä oli silti hänen kanssaan – jae Joh. 16:32 tekee tämän selväksi. Nyt hän oli kuitenkin yksin – Poika oli kirjaimellisesti Isän hylkäämä.

Ristillä tapahtui todellinen erilleen saattaminen Isän ja Pojan välillä: sekä Isä että Poika hyväksyivät tämän vapaaehtoisesti, ja se aiheutui täysin meidän syntiemme vuoksi. Jeesus ilmaisi tämän Isän hylkäämiseksi tulemisen lainaamalla ainoaa Raamatun jaetta, joka kuvaa sitä tarkasti ja jonka hän oli täydellisesti täyttänyt.

Janon, voiton ja antautumisen huudot

Lähes välittömästi tämän jälkeen Poika lausui kolme muutakin asiaa lähes peräkkäin.

◆ Minun on jano.

◆ Se on täytetty.

◆ Isä, sinun käsiisi minun uskon henkeni.

Pojan janon huuto vaikuttaa olevan merkki hänen suurten kärsimystensä vaatimista fyysisistä veroista.

Hänen voiton huutonsa taas ilmaisi hänen tehtävänsä lopullisuutta tai täydellistä täyttymistä. Kreikan kielen sana *tetelestai* on perfektimuodossa ja tarkoittaa "se on ja se tulee aina olemaan täytetty". Poika oli täyttänyt lunastavan pelastustehtävänsä; hän oli saattanut loppuun sen, mitä hän oli tullut maailmaan tekemään; hän oli kantanut maailman synnit; hän oli kestänyt Jumalan vihan; hän oli saavuttanut pelastuksen koko maailmalle; hän oli synnyttänyt uuden

Pojan tunteminen

elämän; hän oli perustanut uuden liiton Jumalan ja ihmisten välille ja asettanut saataville anteeksiannon siunauksen.

Ja Pojan antautumisen huuto osoitti, että tilanne oli täysin Pojan hallinnassa. Hän ei kuollut, koska syntiset ihmiset surmasivat hänet. Hän kuoli, koska hän vapaaehtoisesti antoi henkensä Isän käsiin. Tämä Jeesuksen viimeinen rukous on kuin lapsen iltarukous. Johanneksen evankeliumin jae 19:30 kertoo sanatarkasti, että Jeesus "kallisti päänsä aivan kuin tyynyyn" – ja antoi sitten henkensä.

Välittömästi tämän jälkeen temppelin väliverho (joka kuvasti kuilua Jumalan ja syntisten ihmisten välillä) repesi kahtia ylhäältä alas asti osoitukseksi siitä, että Jumala oli kaatanut kumoon syntien muodostaman esteen ja että tie hänen läsnäoloonsa oli nyt täysin avoinna kaikille.

Kuten osassa 4 havaittiin, 36 tuntia myöhemmin Isä nosti Pojan kuolleista ja tässä ylösnousemuksessa puhdisti tämän julkisesti kaikista syytöksistä. Tämä oli Jumalan lopullinen osoitus siitä, ettei Poika ollut kuollut ristillä turhaan.

Ristin totuus

Kaikki, mitä tarkastellaan kirjassa *Pelastus armosta* selittää sitä, miksi Jeesus antoi niin suuren merkityksen ristinkuolemalleen, miksi hän asetti muistoateriansa ristinkuolemansa muistelemiseksi ja miksi Jumala kunnioitti hänen ristinkuolemaansa uudella liitolla ja ylösnousemuskirkkaudella.

Kun todella käsitämme Jumalan ikuisen pelastussuunnitelman suuruuden ja ymmärrämme sen vanhatestamentilliset esikuvat ja sen lopullisen täyttymisen viimeisenä päivänä, alamme myös ymmärtää Pojan odottamiseen liittyvää ahdistusta Getsemanessa, hänen hylkäämisen tuskaansa ristillä ja hänen voitokasta väitettä, että hän on täysin täyttänyt ikuisen pelastuksemme.

Meidän syntimme

Kun Poikaa ja ristiä aletaan pohdiskella syvällisemmin, on mahdollista alkaa nähdä viitteitä kolmesta suuresta ristin

Poika ja risti

totuudesta. Ensinnäkin alamme ymmärtää, kuinka hirvittäviä meidän omat inhimilliset syntimme ovat, sillä mikään ei paljasta ihmisten syntejä niin täydellisesti kuin Golgatan risti. Lopultahan Poikaa ei lähettänyt ristille Juudaksen ahneus, pappien kateus tai Pilatuksen moraalinen pelkuruus, vaan meidän ahneutemme, meidän kateutemme, meidän pelkuruutemme ja kaikki muutkin meidän syntimme – sekä Pojan rakastava päättäväisyys kantaa niiden ansaitsema tuomio ja siten poistaa ne täysin. Kenenkään meistä ei varmastikaan ole mahdollista katsella ristin tapahtumia ilman, että kokisimme todellista häpeää omasta osallisuudestamme niihin.

Jos ei todella ollut muuta keinoa, jolla pyhä Jumala saattoi oikeudenmukaisesti antaa syntimme anteeksi kuin kantamalla ne itse, Pojassa, ristillä, niin syntisyytemme selvästikin on äärimmäisen vakava asia. Kun ihmiset alkavat ymmärtää tätä totuutta, he ovat valmiita luottamaan Poikaan Pelastajana, jota he niin epätoivoisesti tarvitsevat.

Hänen rakkautensa

Toisekseen risti paljastaa, että Jumalan rakkaus on niin suurta, että se lähes ylittää ihmisten ymmärryksen. Tätä ristin "asioita paljastavaa" puolta käsitellään kirjassa *Pelastus armosta*.

Isä olisi voinut jättää ihmiskunnan oman onnensa nojaan. Hän olisi voinut jättää meidät niittämään syntiemme satoa ja tuhoutumaan pahuuteemme. Tämähän on, mitä oikeasti ansaitsemme ja mitä usein myös haluamme. Mutta Jumala ei toiminut näin. Koska hän rakastaa meitä, hän tuli etsimään meitä Kristuksessa. Hän seurasi meitä kärsimyksiin, jotka odottivat ristillä – missä hän rakastavasti kantoi syntimme, syyllisyytemme, tuomiomme ja kuolemamme. Ei varmastikaan ole mahdollista katsella ristin tapahtumien innoittajana ollutta rakkautta ilman, että tulisi kosketetuksi siitä.

Kun ihmiset alkavat ymmärtää tätä totuutta, he ovat innokkaita rakastamaan Poikaa Herrana, jota he niin kovasti tarvitsevat.

Pojan tunteminen

Ilmainen armo
Kolmantena risti julistaa, että pelastus on ilmainen lahja. Koska Poika maksoi siitä täyden hinnan verellään, meidän maksettavaksemme ei todellakaan jää yhtään mitään. Ja koska hän julisti tehtävänsä olevan "täytetty" ristillä, meille ei ole jäljellä enää mitään sen toteuttamiseksi. Kyse on täysin Jumalasta, täysin armosta.

Osa 9

Pojan paluu

Evankeliumit tekevät selväksi, että Pojan tarina ei pääty ristiin. Osassa 4 käsiteltiin sitä, kuinka hän nousi kuolleista, astui ylös taivaaseen, istui Isän oikealle puolelle, vuodatti lupaamansa Hengen, antoi lahjoja seurakunnalle ja aloitti taivaallisen esirukoustehtävänsä, joka jatkuu yhä nykyäänkin.

Mutta Pojan tarina ei pääty vielä näihinkään, sillä kaikkialla Raamatussa puhutaan odottavasti Pojan paluusta maan päälle aikojen lopussa. Tämä ei ole jokin vähäpätöinen totuus, joka on piilotettu sinne tänne puolikkaisiin jakeisiin, vaan se on merkittävä toivon säie, joka kulkee läpi koko Raamatun.

Vanhan testamentin toivo

Kuten on painotettu läpi tämän *Hengen miekka* -kirjasarjan, raamatullinen toivon ja liittolupausten jatkokertomus alkoi, kun Jumala kutsui Abrahamin jättämään kotinsa. Siitä, mikä alkoi pienen paimentolaisjoukon merkityksellisenä matkana, tuli jumalallista toivoa täynnä olevan kansan läpi historian kulkenut pyhiinvaellusmatka.

Kaikki raamatullinen toivo perustuu Jumalan liittolupaukseen kohdassa 1. Moos. 12:1–3. Jumala lupasi antaa Abrahamille ja tämän jälkeläisille:

♦ maan

♦ suuren kansan

♦ siunauksen.

Tämä kolmiosainen lupaus toistettiin ja sitä laajennettiin useita kertoja aikojen kuluessa, mutta se kiteytyy aina sanoihin, jotka mainitaan ensimmäisen kerran jakeessa 1. Moos. 17:7.

Pojan tunteminen

Tähän liittosuhteeseen tiivistyy Jumalan koko suunnitelma ihmiskuntaa varten.

Kaikkialla Vanhassa testamentissa Abrahamin jälkeläiset muistelivat näitä liittolupauksia ja ottivat ne omakseen. Kun he olivat heikkoja, orjuudessa ja maanpaossa, nuo lupaukset auttoivat heitä säilyttämään kansallisen identiteettinsä ja uskomaan, että Jumalalla oli heitä varten tulevaisuus ja toivo. Ja kun he olivat vahvoja ja menestyviä, nuo lupaukset auttoivat heitä säilyttämään eteenpäin suuntautuvan katseen ja tulevaisuutta painottavan asenteen.

Abrahamin lapset tiesivät, että *Jahve* oli lupausten Jumala, ja tämä tieto auttoi heitä ymmärtämään, ettei mikään senhetkinen tilanne koskaan ollut Jumalan lopullinen teko, ja kiinnittämään toiveensa tulevaisuuteen – siihen, kun Jumala täydellisesti täyttäisi Abrahamille antamansa lupauksen.

Profeettojen toivo

Kuten kirjassa *Palveleminen Hengessä* havaitaan, yksi profeettojen tehtävän puoli oli ilmoittaa Jumalan tulevaisuutta koskevia suunnitelmia. Useimpien niiden profeettojen toiminta, joiden kirjat on sisällytetty Vanhaan testamenttiin, sijoittui aikaan, jolloin Israel oli alkanut liiaksi keskittyä menneisyyteen. Ihmiset muistelivat Egyptistä lähtöä, Daavidin valtakautta, ensimmäistä temppeliä ja niin edelleen.

Lähes 800 vuotta ennen Kristusta Aamos julisti, että Jumalan kansan tärkein tapahtuma oli vasta tulossa, että se ei ollut menneisyydessä. Hän kutsui sitä "Herran päiväksi" – tämä havaitaan jakeissa Aam. 5:18–20 – ja julisti, että se olisi pimeyden, ei valon päivä.

Juuri kun kansalla meni hyvin, Aamos ilmoitti edessäpäin olevasta tuhosta – tämä havaitaan kohdissa Aam. 2:6, 5:18 ja 5:23. Myös muut profeetat saarnasivat pitkälti samanlaista sanomaa, esimerkiksi kohdissa Jes. 30:1–2 ja 15–17; Jer. 5:1 sekä 7:4–7.

Näissä ja monissa muissakin kohdissa profeetat moittivat juutalaisten yrityksiä löytää turvaa ja toivoa mistään muualta

Pojan paluu

kuin Jumalasta. He ilmoittivat yhä uudelleen ja uudelleen, että Jumala vastusti kaikkia ihmisten omia pyrkimyksiä löytää turvaa mistään vähäisemmästä kuin Jumalasta ja hänen tahdostaan.

Julistamansa tuomion vakavuudesta huolimatta profeetat eivät silti koskaan esittäneet, että nämä olisivat Jumalan viimeiset teot. Sen sijaan he julistivat myös sanomaa tulevasta lupauksesta, jonka he perustivat:

♦ Jumalan palavalle rakkaudelle – Hoos. 11:8–9 ja Valit. 3:21–24

♦ Jumalan uskollisuudelle liittolupaustaan kohtaan – Jes. 37:35

♦ Jumalan huolelle koskien kunniaansa – Hes. 36:22–23 ja Jes. 48:11

♦ Jumalan ominaiselle luovuudelle – Jes. 43:1 ja 49:6.

Vaikka profeetat ilmoittivat, että Herran päivä olisi pimeyden päivä, he myös julistivat, että Jumalan alkuperäinen, Abrahamille antama lupaus oli edelleen voimassa. He pitivät tiukasti kiinni siitä, että Jumala täyttäisi sen täysin.

Profeetat odottivat toiveikkaina seuraavia ja julistivat niiden olevan tulossa:

♦ uusi Daavid – 2. Sam. 7:12–16; Jes. 9:6–7, 11:1–9; Jer. 33:15–16 ja Sak. 9:9

♦ uusi Jerusalem – Jes. 2:2–4, 65:17–25; Jer. 33:16 sekä Sak. 14:11 ja 16

♦ uusi vauraus ja menestys – Jes. 65:21; Hes. 47:12; Joel 3:18; Aam. 9:13–15 ja Miika 4:4

♦ uusi temppeli – Hes. 40–48

♦ uusi Israel – Jer. 30:8–9; Aam. 9:11–15; Miika 4:6–7; Hoos. 3:5 ja Sef. 3:20

♦ uusi suhde Jumalan kanssa – Hoos. 2:14–16 ja 19

Pojan tunteminen

◆ uusi liitto – Jer. 31:31–34

◆ uusi sydän – Hes. 18:30–32 ja 36:25–28

◆ uusi Egyptistä lähtö – Jes. 43:18–19, 52:12; Jer. 16:14–15; Hes. 20:33–34 ja Hoos. 2:14–15

◆ uusi taivas ja uusi maa – Jes. 65:17–22.

Profeetat saattoivat lausua tällaisia ilmoituksia, koska he tiesivät, että Jumala toimi ja hallitsi historiaa. He erottivat hänen tarkoituksellisen toimintansa menneissä ja senhetkisissä tapahtumissa ja olivat varmoja siitä, että hän jatkaisi samankaltaisella tavalla toimimista myös jatkossa. He luottivat siihen, että Jumala ohjaisi historian kulkua, muuttaisi kansansa asemaa ja puuttuisi asioihin myös muiden kansojen kohdalla – tämä havaitaan esimerkiksi kohdassa Jes. 51:4–5.

Lisäksi profeetat olivat varmoja siitä, että Jumalan menneiden tekojen ja tulevien tekojen välillä olisi sekä jatkuvuutta että eroavaisuuksia. He ilmoittivat, että hän tulisi tekemään yllättäviä asioita ja tuomaan kansalleen suurempia siunauksia ja suurempaa turvaa kuin mitä he koskaan olivat saattaneet edes kuvitella: sanan "uusi" toistaminen yhä uudelleen korostaa juuri tätä eroavaisuutta aiempaan. Sellaisten sanojen käyttö, kuin "liitto" ja "Egyptistä lähtö" taas osoittaa, että he olivat tietoisia todellisesta jatkuvuudesta menneiden ja tulevien tapahtumien välillä.

Profeetat lupasivat, että vaikka Jumala tekisi uusia asioita, hänen suunnitelmansa maailmaa varten olisi yhdenmukainen niiden tekojen kanssa, joita hän oli menneisyydessä tehnyt. Ja että vaikka hän ilmoittaisi itsensä tulevaisuudessa ihmiskunnan lopullisessa pelastuksessa, hän oli tehnyt itseään näkyväksi jo Israelin historiassa.

Profeetallinen toivo voidaan tiivistää kolmeen yleiseen toteamukseen:

◆ Jumala tulee – Jes. 2:10–21, 26:21, 35:4, 40:9, 59:20, 63:1–6, 66:18–19; Sak. 2:10–13 ja 14:3–5

◆ Jumala on oleva kansansa kanssa – Jes. 12:6; Hes.

Pojan paluu

37:27–28, 43:1–9, 48:35; Joel 2:27, 3:16–17 ja Sef. 3:14–20

◆ Jumala on hallitseva:

oikeudella ja vanhurskaudella – Jes. 1:2–5 ja 9:7

rauhalla – Jes. 2:2–4, 9:6 ja Miika 4:3–4

pysyvästi – Jes. 9:7 ja Miika 4:6–7

maailmanlaajuisesti – Jes. 25:6–9, 44:5; Miika 5:2–5; Sef. 3:9–10; Sak. 8:22–23 ja 9:10

maan päällä – Jes. 11:6–9, 32:15, 65:17 ja Hagg. 2:7

ylistyksessä ja riemussa – Jes. 12, 25 ja Sak. 14:9.

Vanhassa testamentissa ei koskaan julisteta, milloin nämä asiat tapahtuvat, sillä siinä ei tehdä eroa profetioiden välittömän täyttymisen ja lopullisen täyttymisen välillä – tätä käsitellään kirjassa *Palveleminen Hengessä*. Siinä ei siis keskitytä siihen, missä järjestyksessä asiat tapahtuvat tulevaisuudessa, vaan kaikki huomio keskitetään Jumalaan, joka pitää lupauksensa.

Tämä yksinkertainen yhteenveto Vanhan testamentin toivosta on tärkeä perusta sille, että voidaan ymmärtää tarkasti se Pojan suuri toivo, joka Uudessa testamentissa paljastuu.

Pojan toivo

Apostoli Paavali lausuu jakeessa 2. Kor. 1:20 hämmästyttävän väitteen, että Jeesus on Jumalan "kyllä", Jumalan "on" (vrt. v. 1938 käännös), *kaikkiin* Jumalan lupauksiin; että hän on se, jossa kaikki Vanhan testamentin profeetalliset odotukset ja liittolupaukset täyttyvät. Jos emme tiedä, mitä nuo odotukset ovat, emme voi myöskään ymmärtää Paavalin sanojen suuruutta.

Osassa 5 – ja erityisesti kirjassa *Jumalan hallintavalta* – havaittiin, että Jeesus julisti Jumalan valtakuntaa – että hän ilmoitti Jumalan hallintavallan saapuneen. Tämä oli hänen opetustensa keskeinen teema.

Pojan tunteminen

Poika julisti sanoin, että Jumalan kauan sitten luvattu hallintavalta oli alkanut. Hän osoitti teoin, että uusi kokemus Jumalan pelastavasta voimasta oli tullut. Ja hän näytti todeksi, että hänen Hengen voitelunsa oli tärkein todiste valtakunnan läsnäolosta.

Jeesus painotti, että Jumalan valtakunta oli tarkoitettu erityisesti kärsiville, ja hän paljasti, että:

♦ Isä on tuon valtakunnan Kuningas – Matt. 6:9-10 ja Luuk. 12:32

♦ valtakunnan ominaispiirre on anteeksianto – Matt. 18:23-35; Mark. 2:10 ja 15-17; Luuk. 7:36-50, 15 ja 18:9-14

♦ valtakunnan tarkoitus on uusi järjestys – Matt. 11:25-26, 18:3, 22:1-10; Mark. 10:14; Luuk. 1:51-53, 6:20-25, 13:30 ja 16:19-31

♦ valtakunnan vaatimukset ovat parannuksen tekeminen ja luottamus – Matt. 5:25-26, 6:24-34, 23:5-12; Mark. 1:15, 8:34-35, 10:17-31; Luuk. 6:27-36, 13:2-3, 14:26 ja 15:11-32.

Nyt ja ei vielä
Edellä myös havaittiin, että vaikka Jumalan hallintavalta oli jo tullut Kristuksessa, se ei ollut vielä tullut täysin. Valtakunta oli läsnä siinä mielessä, että uuden ajan siunauksia voitiin jo kokea Pojan toiminnan kautta, mutta sen täydellinen ilmeneminen – siinä mielessä, että Jumala saisi lopullisen voittonsa pahasta ja perustaisi maailmanlaajuisen ja pysyvän oikeuden, rauhan ja ylistyksen todellisuuden – oli vielä tulevaisuudessa odottava toivon kohde.

Valtakunta oli läsnä, mutta se oli piilossa. Uusi voima oli vapautettu, mutta monet eivät tunnistaneet sitä. Vielä tulee kuitenkin päivä, jolloin epäilys, vastustus ja piilossa olo vaihtuu Jumalan hallintavallan täyteen ilmenemiseen. Tämän vuoksi Jeesus opetti opetuslapsiaan rukoilemaan jakeessa

Pojan paluu

Matt. 6:10 löytyvää rukousta ja uskomaan jakeen Luuk. 13:29 lupauksen.

Kun Jeesus puhui tulevasta valtakunnasta, valtakuntansa tulevaisuuden toivosta, hän painotti kolmea seikkaa:

◆ valtakunta kasvaa asteittain – Matt. 13:33 ja Mark. 4:26–32

◆ valtakunta tulee armon kautta – Luuk. 12:32

◆ valtakunta tulee hänen oman kärsimyksensä ja kuolemansa kautta – Mark. 8:31, 9:31, 10:33–34, 10:38 ja Luuk. 12:50.

Pojan puhdistaminen epäilyksistä
Evankeliumit tekevät selväksi, että Jeesus ei ainoastaan odottanut kuolevansa vaan myös sitä, että Jumala puhdistaisi hänet kaikista epäilyksistä. Poika tiesi, että hänen oli määrä kärsiä ja että Jumalan julkinen hyväksyntä hänen työlleen olisi suurempaa kuin kärsimykset.

Joskus Jeesus puhui omasta epäilyksistä puhdistamisestaan viittaamalla ylösnousemukseen, kuten jakeessa Mark. 9:31, mutta toisinaan hän taas puhui siitä viittaamalla Pojan tulevaisuudessa tapahtuvaan paluuseen maan päälle – esimerkiksi kohdissa Matt. 10:23, 24:44, 25:31; Mark. 8:38, 13:26, 14:62 ja Luuk. 18:8.

Pojan sanoihin epäilyksistä puhdistamisesta liittyy aina olettamuksena se, että se sama, joka tulee kirkkaudessa, on sama, joka myös herätettiin kuolleista kolmen päivän kuluttua. Tämä havaitaan esimerkiksi jakeessa Mark. 14:62.

Vaikka Jeesus puhuukin ylösnousemuksestaan ja paluustaan samankaltaisilla tavoilla, hän tekee aina eron näiden kahden tapahtuman seuraamuksien välillä. Aina kun hän puhuu Pojan tulemisesta, hän liittää sen ihmiskunnan lopulliseen tuomioon ja Jumalan valtakunnan täydelliseen perustamiseen – kuten kohdissa Mark. 8:38, 13:26–27; Matt. 25:31–46 ja Luuk. 21:26. Ylösnousemuksestaan Jeesus kuitenkin puhuu aina liittäen sen *itsensä* puhdistamiseen

Pojan tunteminen

epäilyksistä – pikemmin kuin kaikkien Jumalan suunnitelmien puhdistamiseen epäilyksistä.

Tämä osoittaa, että Poika odotti kuolevansa, tulevansa Isän puhdistamaksi epäilyksistä ylösnousemuksen kautta ja lopulta tulevansa takaisin saattamaan Jumalan suunnitelmat maailmaa varten täyteen täyttymykseensä.

Pojan toivo
Aivan kuten profeetat olivat kiinnostuneempia *Jumalan* toiminnasta tulevaisuudessa kuin tulevaisuuden tapahtumien tarkasta aikajärjestyksestä, samoin Poika opettaa paljon siitä, mitä Jumala tulee tekemään, eikä lähes mitään siitä, milloin hän sen tulee tekemään. Evankeliumeissa kerrotaan, että Jeesuksen profeetalliseen toivoon sisältyi useita erityisiä puolia.

- ◆ Hän ilmoitti edeltä, että juutalaista kansakuntaa kohtaisi suuri tuho – Mark. 13:2 ja Luuk. 19:42–44.

- ◆ Hän puhui päivästä, jolloin muista kansoista tulevat ihmiset olisivat osa valtakuntaa; ja hän odotti seuraajiensa, seurakunnan, täyttävän tehtävän, joka heillä Jumalan kansana on – Matt. 8:11–12 ja 16:18.

- ◆ Hän ennakoi vastakkainasettelua seuraajiensa ja heitä vastustavien voimien välillä – Mark. 13.

- ◆ Hän julisti, että hänen seuraajansa puhdistettaisiin epäilyksistä: he saisivat huomata, että Jumala hyväksyy heidät ja että he tekivät oikean päätöksen lähtiessään seuraamaan Jeesusta – Matt. 10:32; Mark. 8:35; Luuk. 6:22–23 ja 12:32.

- ◆ Hän ilmoitti palaavansa voittajana saattamaan loppuun Jumalan suunnitelmat – Mark. 13:24–27.

Pojan paluun tarkoitus
Vaikka Pojan kuvaukset tulemisensa tavasta ja ajankohdasta ovat tarkoituksella epämääräisiä, hän tekee tulemisensa

Pojan paluu

tarkoituksen hyvin selväksi. Hän osoittaa kirjoitusten avulla, että on oleva ylösnousemuselämä, ja lupaa sitten tulevansa takaisin nostamaan kansansa uuteen valtakunnan elämään ja kokoamaan heidät läsnäoloonsa kaikkialta maailmasta – Mark. 12:18–27 ja 13:26–27.

Lisäksi Poika lupaa palaavansa tuomitsemaan kaikkien ihmisten elämät, ja että tämä jakaa ihmiset niihin, jotka ovat astuneet sisään Jumalan valtakuntaan, ja niihin, jotka ovat valinneet jäädä sen ulkopuolelle – Matt. 24:40–41 ja Mark. 9:33–48.

Poika myös lupaa tulevansa takaisin tuhoamaan saatanan ja kaikki hänen tekona täydellisesti – Matt. 25:41. Ja Poika lupaa, että maailma uudistuu ja että Jumalan kansa pääsee sisään hänen lopulliseen ja täydelliseen valtakuntaansa – Mark. 13:31. Jeesus ei koskaan anna yksityiskohtaista kuvausta tästä ikuisesta olemassaolosta, mutta jakeessa Mark. 12:25 hän selvällä tavalla kiistää sen olevan vain korkeampitasoinen nykyisen maanpäällisen olemassaolon jatkumo.

Kutkuttavien yksityiskohtien sijaan Jeesus tarjosi joukon mielikuvituksellisia kuvia uskomme innoittamiseksi. Hän lupaa, että Jumalan kansa astuu iloon tullessaan hänen läsnäoloonsa, ja antaa ymmärtää, että tämä ilo muistuttaa hääjuhlassa koettua iloa – Matt. 25:10 ja 21–23. On oleva naurua ja tanssia; nälkä tyydytetään – Luuk. 6:21–23 –; puhdassydämiset saavat nähdä Jumalan – Matt. 5:8 –; ja hän itse, sulhanen, on oleva kaiken huomion keskipiste – Matt. 25:1–13.

Lisäksi hän lupaa, että hänen kansansa uudessa yhteisössä, jossa kaikki yhdessä ylistävät Jumalaa, juutalaiset ja pakanat yhdistyvät yhdeksi yhtenäiseksi joukoksi – Matt. 8:11 ja 25:34.

Pojan paluun seuraukset
Uusi testamentti tekee selväksi, että Pojan paluu saattaa loppuun Jumalan työn pelastaa ihmiskunta. Tuona päivänä Poika ilmoitetaan näkyvällä tavalla kaikille ihmisille täydellisessä voitossa ja suuressa kirkkaudessa. Ensimmäisellä kerralla hän tuli tuntemattomana ja heikkona, mutta hänen paluunsa

Pojan tunteminen

on oleva julkinen, voitokas, kirkas ja maailmanlaajuinen tapahtuma, josta ei voi erehtyä.

Pojan näennäinen poissaolo maan päältä antaa tilaa hänen vaikuttavalle läsnäololleen maan päällä. Hänen salattu piilossa olonsa korvataan hänen täydellisen olemuksensa ja jumalallisen kirkkautensa avoimella ilmenemisellä. Kun Poika vihdoin palaa, ei yksinkertaisesti ole enää sijaa epäilyksille siitä, kuka hän on ja onko hän todella tullut vai ei.

Pojan paluu ei ainoastaan johda kaiken sen paljastamiseen, mikä Kristuksessa on salattua, vaan myös kaiken sen paljastamiseen, mikä ihmisissä on salattua. Uusi testamentti painottaa, että jokaiseen ihmiseen erikseen kohdistuva Jumalan tuomio on yksi tärkeimmistä Pojan paluun syistä – tämä havaitaan esimerkiksi kohdissa 1. Kor. 4:5 ja 15:45. Viimeisenä päivänä kaikki elämän perimmäiset seikat paljastetaan ja kaikki tekosyymme ja tulkinnanvaraisuutemme katoavat.

Kohdat 1. Kor. 15:24–25 ja Ilm. 20:7–15 osoittavat, että Pojan paluun seurauksena myös kaikki paha kukistetaan. Hänen tulemisensa merkitsee kärsimysten poistamista, jokaisen pahan ajatuksen ja teon loppua, niiden puhdistamista epäilyksistä, jotka ovat joutuneet kärsimään vanhurskautensa tähden, ja jokaisen alistajan paljastamista. Paholainen ja hänen joukkonsa voitetaan vihdoin – lopullisesti.

Kun Poika tulee, hän kokoaa kansansa läsnäoloonsa ja tuo ylösnousemuksen niille, jotka ovat kuolleet ennen hänen tuloaan. Mutta Poika ei ainoastaan muuta uskovia ylösnousemusvoimallaan, hän muuttaa myös koko maailmankaikkeuden. Kuten kirjassa *Isän tunteminen* opitaan, Jumalan suunnitelmat ovat paljon suurempia – ne eivät koske ainoastaan yksittäisten ihmisten henkilökohtaista kohtaloa. Toisen Pietarin kirjeen jae 3:13 painottaa sitä totuutta, että Jumala luo kokonaisen uuden järjestyksen, jossa on vallitseva vanhurskaus.

Viimeinen Pojan paluun seuraus on vielä se, että kaikki historia päättyy ja tulee valmiiksi. Raamattu ei esittele

Pojan paluu

historiankulkua kehämäisenä, päämäärättömänä tai ikuisena. Sen sijaan se esittelee historian liikkeenä jotakin päämäärää kohti, matkana kohti täydellistä Jumalan valtakuntaa. Se esittelee Jumalan aina sellaisena, joka toimii historiassa suunnitelmiensa loppuun saattamiseksi ja täyttämiseksi.

Historian suuren huipentuman hetkenä Jumala toimii Poikansa paluun kautta lakkauttaakseen kaiken vastustuksen itseään ja tahtoaan kohtaan ja perustaakseen ikuisen valtakuntansa. Tämä dynaaminen jumalallinen asioihin puuttuminen täydentää ja saattaa loppuun sen, minkä Poika täytti ristillä ja saavutti ruumiinsa, seurakunnan, kautta.

Varma toivomme
Juuri tämä on Pojan suuri toivo. Se, että Jumala, jonka hallintavalta oli jo toiminnassa Pojan maanpäällisessä toiminnassa, vie suunnitelmansa päätökseen, kun Poika tulee takaisin kirkkaudessa. Pojan paluussa kaikki Vanhan testamentin kuvat pysyvästä oikeuden, rauhan ja ylistyksen valtakunnasta – kuvat, joita jo profeetallisesti ennakoitiin Pojan toiminnassa ja Jumalan kansan elämässä – saavuttavat kokonaisvaltaisen täyttymisen kirkkauden.

Kohdat Matt. 6:33; Mark. 10:16–31 ja Luuk. 11:2 osoittavat, että siihen asti Poika kuitenkin jatkaa haastamalla meitä varmistamaan, että valtakunta on ensimmäisellä sijalla elämässämme, että luovumme kaikesta valtakunnan vuoksi ja että rukoilemme jatkuvasti valtakunnan tulemisen puolesta.

Voimme tehdä kaikkia näitä täydellä varmuudella ja luottamuksella, sillä tiedämme, että lupaukset pitävä Isä pitää meille antamansa sanan, saattaa loppuun sen, minkä hän on elämissämme aloittanut, tekee asumuksensa keskellemme ja varmistaa, että Poika hallitsee kaiken yläpuolella aina ja ikuisesti.

www.ingramcontent.com/pod-product-compliance
Lightning Source LLC
Chambersburg PA
CBHW031113080526
44587CB00011B/954